宝塚歌劇にまつわる言葉をイラストと豆知識で華麗に読み解く

春原弥生

誠文堂新光社

はじめに

　宝塚歌劇は世界にひとつしかない夢の世界です。
　スパンコールやフリルがいっぱいのきらびやかなお衣装、大階段をはじめとしたゴージャスな舞台セット、あの大きな羽根。そして、何より宝塚歌劇の世界を彩ってくれるタカラジェンヌ。同じ人間とは思えないくらい小さなお顔にすらりと伸びた足で、スポットライトを浴びてキラキラ輝く姿にはいつだって元気をもらいます。
　男役は本物の男よりも男らしくカッコよく、娘役はより女らしく。「皆様、ようこそお越しくださいました」から始まる開演アナウンスを聞いているうちに、気がつくとその世界にどっぷりとはまり込んでしまいます。

　そんな宝塚歌劇の魅力を少しでも皆様にお伝えしたくて、宝塚歌劇の世界を私なりに解説しました。ロケットをはじめ、さまざまなお衣装も描き起こ

ベルサイユのばら　　白夜わが夢　　青き薔薇の軍神　　ザ・ビッグ・アップル　　魅惑
（'74／月）　　　（'79／星）　　　（'80／雪）　　　　（'81／月）　　　　（'82／星）

しました（衣装の一部はイメージで補っています）。

　楽しく読めるようユーモラスに書かせていただいたところもありますが、その根底には「愛」を込めたつもりです。また、辞典として読みやすくするために敬称を略させていただきました。

　さらに、元星組トップスターの稔幸さんをはじめ、元星組スターの涼紫央さん、元花組娘役スターの華耀きらりさんにもお話を伺いました。

　資料として役立つところもある一冊になったと思います。皆様にも楽しんでいただけますように。100年、200年、300年と、これからもずっと宝塚歌劇が続くことを願って。

春原弥生

ラブ・コネクション　　オペラ・トロピカル　　オルフェウスの窓　　ハート・ジャック　　ヒートウエーブ
（'83／星）　　　　　（'83／花）　　　　　（'83／星）　　　　　（'83／月）　　　　（'85／月）

この本の見方と楽しみ方

宝塚歌劇にまつわる用語を50音順に紹介しています。
入っている用語は以下のようなものです。

◎トップスターやスタッフ

平成に入ってからのトップスターを中心に歴代の有名スターのプロフィールを紹介しています。そのほか、演出家や振付家などのプロフィールも入っています。

◎公演

人気演目についていつどこの組で上演されたか、どんなところが見どころかなどを説明。『ベルサイユのばら』や『エリザベート』は多角的に紹介しています。

◎舞台や衣装にまつわる言葉

宝塚歌劇の特徴のひとつでもある衣装や舞台機構について説明しています。特徴的な衣装をいろいろ絵にしてあるので、見るだけでも楽しめます。

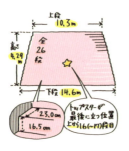

◎ラインダンスの衣装

昭和から平成にかけてのラインダンスの衣装を全234公演、描き起こしました。自分が好きだった公演、贔屓の初舞台公演などを探してみてください。

こんな方におすすめです！

宝塚歌劇に興味がある方なら、
初心者から熟練者まで楽しめます。

① 宝塚を観てみたいと思っている人に！

宝塚歌劇を一度観てみたい、テレビで見たけれど、生で観劇したい。初心者が宝塚歌劇について知るにはぴったりな内容です。

② 初めて観た宝塚にハマってしまった人に！

宝塚歌劇を好きになったばかりのときは知りたいことがいっぱいあるはず。ふと疑問に思ったことをぜひ調べてみてください。

③ 大好きな宝塚をもっともっと楽しみたい人に！

宝塚歌劇が大好きあなた、ぜひこの本をそばに置いて、ときどきぱらっとめくってみてください。新たな発見があるはずです。

注意点

演目名は公式に発表されたものに準拠しています。また、演目名の後の年代は初演のものです。再演をしている演目も初演の上演組と年代のみ入っています。ただし、文章のなかで特定の公演を指す場合は、再演年度が入っているものもあります。
TAKARAZUKA SKY STAGEはスカイステージ、バウホールはバウと略しています。また、宝塚大劇場を宝塚、東京宝塚劇場を東京と略しているところもあります。
本書の内容はすべて2016年12月末現在のものです。

もくじ
宝塚語辞典

- P.2　はじめに
- P.4　この本の見方と楽しみ方
- P.4　この本の見方と楽しみ方
- P.5　こんな方におすすめです！

基礎知識編
- P.8　宝塚ってどんなところ？
- P.9　宝塚といえば？
- P.10　どんな演目を上演しているの？
- P.11　どこで観られるの？
- P.12　男役？女役？トップスター？
- P.13　衣装も見どころのひとつ！
- P.14　どうすれば宝塚に入れるの？

宝塚用語集
- P.15　あ行
- P.45　か行
- P.75　さ行
- P.99　た行
- P.125　な行
- P.131　は行
- P.155　ま行
- P.171　やらわ行

- P.188　1989〜2017
  　　　　本公演演目&トップスター任期

　　　　インタビュー
- P.42　稔幸（元星組トップスター）
- P.72　涼紫央（元星組スター）
- P.96　華耀きらり（元花組娘役スター）

基礎知識編

宝塚歌劇団ってどんなところ？

本拠地を兵庫県宝塚市におく、未婚女性のみで構成された世界でもめずらしい歌劇団。略して「宝塚」。団員はタカラジェンヌまたはスター、生徒と呼ばれる。募集要項にもある"容姿端麗"の関門を突破し、さらに歌やダンス、芝居に磨きをかけたタカラジェンヌが、豪華な衣装をまとい、歌って踊って芝居してときめきをふりまく、唯一無二で麗しすぎる"夢の世界"である。

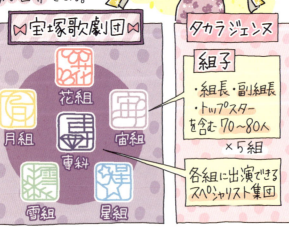

宝塚歌劇団
花組・月組・雪組・星組・宙組・専科

タカラジェンヌ

組子
・組長・副組長
・トップスター
を含む70〜80人
×5組

各組に出演できる
スペシャリスト集団

花・月・雪・星・宙の5組と専科からなり、約400名の生徒が所属している。公演は組ごとに行われ、専科は各組に出演する。宝塚と東京の2ヶ所で通年公演(年間各9本!)を行っている。
（2016年現在）

8

どこで観られるの？

心のふるさと 我らが本拠地

宝塚大劇場・宝塚バウホール

全国ツアー
年に数回行われる全国ツアー。あなたの街に宝塚がやってくる！

海外公演
過去にヨーロッパ、ハワイ、台湾などで行われた。

梅田芸術劇場・シアタードラマシティ

九州希望の光

博多座

兵庫　愛知　東京
福岡　大阪

第2の拠点

（シアタークリエ）
（日生劇場）
東京宝塚劇場

中日劇場

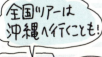

全国ツアーは沖縄へ行くことも！

関東の別館
✦神奈川芸術劇場
✦日本青年館
✦赤坂ACTシアター　など

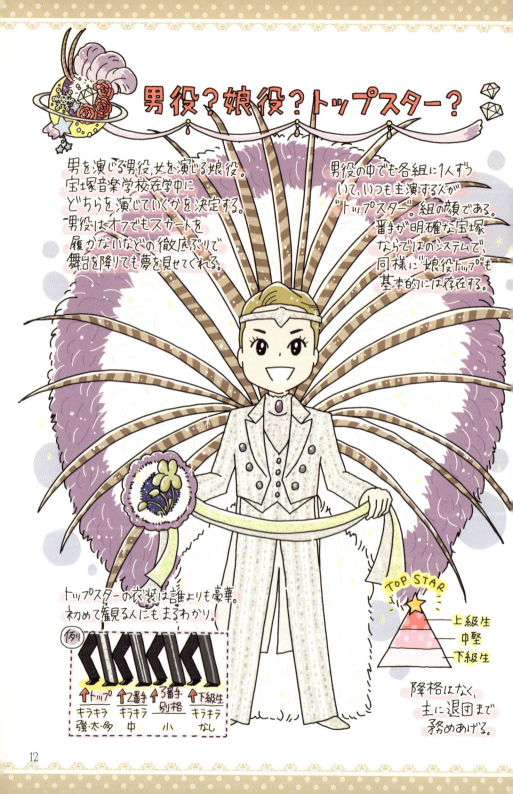

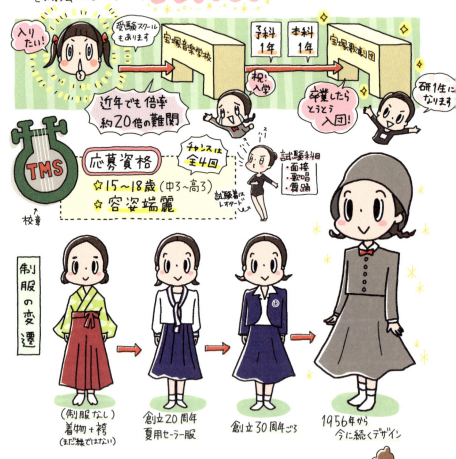

あ行

【あ行の言葉】

愛と死の輪舞曲／麻実れい／アフロ／有村淳／アンドレの死に様／衣装／一本釣り／ウインク／映画の舞台化／えと文／エトワール／遠征／エンカレッジ・コンサート／大階段／お聞きになった？／お忘れ券／男役10年 etc.

愛あればこそ
【あいあればこそ】

『ベルサイユのばら』('74／月)の歌。一番では愛の温かい部分、二番では愛の冷たい部分と、シンプルながらも対になった歌詞に趣を感じる。

愛華みれ
【あいかみれ】

1985年入団。71期生。愛称「タモ」。花組に配属。1999年『夜明けの序曲』で花組トップスターに就任。相手役は大鳥れい。漫画から出てきたような愛らしく華やかな顔立ち、はつらつとした雰囲気で人気を博した。初代VISAガールでもある。2001年『ミケランジェロ／VIVA!』で退団。サヨナラショーのクライマックスで客席にばらを配っていたが余ってしまい、最後にどさっと投げるというハプニングが印象的。華やかなのに飾らない人柄がそこに出ていた。

愛称
【あいしょう】

生徒には芸名の他に愛称があり、公式サイトや『宝塚おとめ』に記載されている。生徒同士やファンの間でも愛称で呼ぶことが多い。本名に由来するものなど芸名と全く違うものも多いが、宝塚ファンになった途端、なぜかあっという間に覚えてしまう。基本的に生徒が呼ばれたい愛称であり、ファンが勝手に呼んでいるものは掲載されないが、SNSが普及したせいか稀に後者が浸透することも。また、掲載されていない愛称で生徒が呼び合っているとお宝感がある。

相手役
【あいてやく】

トップコンビのそれぞれお互いを指す。または、芝居の役柄の上での恋人やショーでコンビを組む人。トップ以外は固定の相手役ではないが、公演で相手役になると、娘役がお弁当を作ってきたり、男役が指輪やアクセサリーを贈ったりすることも。リアルカップルのようなやり取りが伝わってくると、ついニヤっとしながら聞いてしまう。

愛と死の輪舞(ロンド)
【あいとしのろんど】

『エリザベート』('96／雪)の歌。日本版上演にあたり追加された。トート閣下がシシィと出会い、恋し、「命は返す。でも愛されるまで追いかける」と決意表明する。ちなみにシシィはこのとき15歳。フランツと結婚したのは16歳だった。

愛の反対、無関心

【あいのはんたい、むかんしん】

和央ようかお披露目のショー『ミレニアム・チャレンジャー!』('00／宙)での歌詞。和央にかけた「ワオワオ!」と共にずいぶん軽く歌っていたが、確かにそうだと頷かずにはいられない深いお言葉。後に、「愛の反対は憎しみではなく無関心です」とはマザー・テレサが残した言葉だと知るが、演出の石田昌也がこの言葉を元にしたかどうかは定かではない。トップスターのファンがよく言う、「(相手役である)あの嫁、嫌いよ」。そんなふうに言われているうちは、興味があるだけまだましなのかもしれない。

愛の宝石

【あいのほうせき】

鳳蘭と安奈淳がダブルトップであった時代の名作『ラ・ラ・ファンタシーク』('73／星)の曲。想い出を美しくかつ詩的に歌う。人気の曲で、さまざまなイベントや公演で歌われている。天海祐希も『メモリーズ・オブ・ユー』('92／月)で歌っている。

愛宝会

【あいほうかい】

政界・財界で活躍している男性だけで作られたファンクラブ。入会するためには会員からの推薦が必要。毎年生徒にすみれ賞(新進娘役賞)、野菊賞(助演賞)、さくら賞(舞踊賞)、鈴蘭賞(歌唱賞)などの賞を贈っており、授賞式にはたくさんの生徒が出席する。右を向いても左を向いても生徒という、パラダイスなパーティーである。

青天

【あおてん】

日本物で男役が被るカツラ。月代の部分が青くなっており、主に成人した武士や町人を演じるときに使用する。「若い娘さんが青天を被るなんて……」と思いがちだが、中堅どころ以上の演技派男役にとっては、ヒゲと並んでつけたいもののひとつ。

明石照子

【あかしてるこ】

1941年入団。31期生。愛称「テーリー」。雪組に所属。1961年芸術祭賞を『火の鳥』で受賞。62年退団。トップスター退団の恒例行事である「サヨナラショー」は明石照子から始まったといわれている。当時は現在と違い、千秋楽後に「サヨナラショー」として追加公演が行われる形だった。宝塚歌劇団100周年を記念して発表された「宝塚歌劇の殿堂100人」に選ばれている。

17

あかねさす紫の花

【あかねさすむらさきのはな】

1976年初演、飛鳥時代を舞台にした作品。柴田侑宏脚本・演出。安奈淳と榛名由梨がダブルトップ体制であった花組用に書き下ろされ、中大兄皇子役と大海人皇子役それぞれに見せ場が作られた。その後、再演時にはそのときのトップスターの個性に合わせて主役が変わり、もう一方の役は二番手が演じるようになった。たとえば、瀬奈じゅんは花組の二番手時代に大海人皇子を演じ、その後月組トップスターとしても同じ大海人皇子を演じた。ストーリーは典型的な三角関係だが、二人の間で揺れ動く額田王に、客席の女性は自分を重ね揺れ動く。「くどい！」で幕を引く奇抜な演出だがこの一言がとにかく楽しみ。

AQUA5

【あくあふぁいぶ】

雪組男役スター5名のユニット。2007年大阪長居スタジアムで行われた世界陸上の開会式に合わせて結成された。メンバーは、トップスターの水夏希、彩吹真央、音月桂、彩那音、凰稀かなめ。美しくカッコよいお姉さんという感じだった。ユニット名はもちろんトップスターである水夏希の名前に由来するが、「水」の持つ柔軟性、清涼感、秘めた力を手にしたい、表現したいという願いも込められている。シングルを3枚発売した他、音楽番組やバラエティ番組への出演や、コンサートも行った。2008年のショー『ミロワール』（雪）にはAQUA5を中心にした場面もあった。

朝丘雪路

【あさおかゆきじ】

1952年入団。39期生。愛称「ゆきねー」「雪姐」。月組に配属。男役トップスター、真帆志ぶきは同期。1955年『黄色いマフラー』で退団。日本画家・伊東深水のお嬢さまであり、100周年記念式典で自身の裏口入学をポロっと吐いて司会の真矢みきをタジタジにさせ、会場から爆笑を誘った。天然炸裂のOG様である。

朝夏まなと

【あさかまなと】

2002年入団。88期生。愛称「まぁ」「まなと」「まー坊」。花組に配属。2005年『マラケシュ・紅の墓標』で新人公演初主演。2012年宙組に組替え。2015年宙組トップスターに就任。相手役は実咲凜音。長い手足を生かしたしなやかなダンスが魅力で、腕の長さは自他ともに認めるところ。全国ツアーの客席降りで通路から3つ奥の席まで軽く手が届き、握手しているファンサービスを見ていると、なぜか誇らしい。下級生時代は「まぁくん」とかわいく呼ばれていたが、学年が上がるとともに、ファンからも組子からも「まぁさま」と呼ばれることが多くなった。

麻路さき

【あさじさき】

1983年入団。69期生。愛称「マリコ」。月組に配属。1986年に星組に組替え。1994年星組トップスターに就任。相手役は白城あやか、月影瞳、星奈優里。ピアノ演奏の腕前は見事で、1995年『国境のない地図』の劇中の他、相手役である白城の本当の結婚式でも披露された。1998年『皇帝／ヘミングウェイ・レヴュー』で寿退団。退団後はブラジル在住。男役としての気立てのよさや包容力は天下一品。再演『エリザベート』のトート閣下は恋するトートで、作品の幅を広げた。

朝海ひかる

【あさみひかる】

1991年入団。77期生。愛称「コム」。花組に配属。1994年最下級生でロンドン公演に参加。1998年新設された宙組に組替え。1998年『エリザベート』のルドルフ役で人気急上昇。翌年、雪組に組替え。2000年『凱旋門』役替わり公演で初主演。2002年雪組トップスターに就任。相手役は舞風りら。トップスター制度が固定されてから新人公演主演経験がない唯一のトップスター。小柄だがバランスのよい体躯から繰り出されるダンスはダイナミックかつ、妖艶。小悪魔的な魅力で、『ノバ・ボサ・ノバ』('99／雪）のブリーザなど、女役も絶品だった。パーソナルブックではチワワに似たかわいい容姿のコムちゃんが愛犬のチワワを抱っこして表紙を飾りファンを悶絶させた。

麻実れい

【あさみれい】

1970年入団。56期生。愛称「ターコ」。星組に配属。1972年入団3年目に新人公演主演。そのスピードは当時の新記録であった。同年、雪組に組替え。固定の相手役がいなかった雪組トップ汀夏子と、オスカルとアンドレ、中大兄皇子と大海人皇子などで組み、「男役同士のコンビ」と呼ばれた。1980年雪組トップスターに就任。相手役は遙くらら。1985年『花夢幻／はばたけ黄金の翼よ』で退団。先に遙くららが退団したため、サヨナラ公演の相手役は一路真輝が務めた。スラリとしたスタイルと憂いを帯びた表情と、日本人離れした容姿だが、東京・神田生まれのちゃきちゃきの江戸っ子である。

明日へのエナジー

【あすへのえなじー】

宙組誕生第1作目のショー『シトラスの風』('98／宙）の一場面で歌われた歌。場面の名前でもある。ヤンキー風で裏地がカラフルな長ランのような衣装は、シンプルだが印象に残る。エネルギーに満ちあふれた人気のある歌と場面で、何度も再演されている。

明日海りお

【あすみりお】

2003年入団。89期生。愛称は「みりお」「さゆみし」「みりりん」。月組に配属。2012年

あ

異例の準トップに就任。トップスター龍真咲と役替りを演じた。2013年花組に組替え。2014年花組トップスターに就任。相手役は蘭乃はな、花乃まりあ、仙名彩世。少年のような無邪気なかわいさを持ちつつ、抜群の美しさを誇る。こじらせ男子をさせたら天下一品。『春の雪』('12／月）の清様のこじらせぶりは最高で、フード付の黒いコートも似合っていた。また、公演とは一転、舞台挨拶ではマジメ故の天然っぽさがほわっと微笑ましく、スルスル言葉が出てくることを祈りながら見守ってしまう。にわとりを含め鳥類全般が苦手だが、焼き鳥と唐揚げは好き。

Apasionado!!（アパショナード）

【あぱしょなーど】

2008年瀬奈じゅん率いる月組で初演。その後、3回再演されている。藤井大介作・演出。

スペイン語で「熱い」「情熱の男」という意味。ショースター瀬奈の魅力を十二分に見せた彼女の代表作のひとつ。当時、瀬奈には固定の相手役がいなかったため、再演では二番手スター霧矢大夢が踊ったシーンをトップ娘役とのデュエットダンスにすることも。中詰めの男役スターが次々に「女装」で登場するシーンは見どころのひとつである。

アフロ

【あふろ】

アフロといえば月組。特注したり退団者や組替えで月組を去る生徒から受け継いだりして、みんなマイアフロを持っている。スタークラスは何個も持っていることも。運動会をはじめ、ことあるごとに月組生がかぶってくる。イベントだけではなく、貸切公演などのショ

プラスワン
('84／星)

ジュテーム
('84／花)

風と共に去りぬ
('84／雪)

ザ・レビューⅡ
('84／月)

ーの中詰で全員がアフロヘアーで踊る「アフロ祭り」「アフロデー」も開催されている（それゆえ、一本物ではあまり登場しない）。発案者は当時組長だった夏河ゆら。どの貸切公演で行われるか予告はないため狙って取れるチケットではなく、たまたま出くわしたらラッキーな祭りである。

天津乙女

【あまつおとめ】

1918年、14歳で入団。7〜8期生。愛称「エイコさん」。宝塚歌劇創立から4年後のことで、東京で最初に採用された生徒。日舞の名手として知られた。1948年劇団理事に就任。1958年紫綬褒章受章、1976年勲四等宝冠章叙勲。在団中である1980年に死去。2014年殿堂入り。芸名は小林一三が百人一首の「天つ風　雲の通ひ路　ふきとぢよ　しばしどどめむ　乙女の姿」からつけた。

天海さんもそんなことある？

【あまみさんもそんなことある】

雪組スター、望海風斗が学生時代に書いていた「天海さんへ語る日記」に由来する言葉。2014年スカイステージで放送された、望海風斗の『Brilliant Dream+NEXT』初回に披露された。「給食の時間に班の人が笑わせて食べるのが遅くなってしまった。笑いすぎて涙が止まらなかった。天海さんもそんなことある？？」から、SNSなどで大流行した。同番組の第3回ゲスト朝夏まなとも「望海さんもそんなことある？」と発言。生徒の間でも流行したことが窺える。ちなみに、この日記は2013年8月号の宝塚GRAPHが初出。天海祐希退団の寂しさを忘れるためにつけ始めたらしく、「天海さん、憲法覚えたから聞いて欲しいんだ」などと書かれていた。

天海祐希

【あまみゆうき】

宝塚音楽学校に首席入学。1987年入団。73期生。愛称「ゆりちゃん」。月組に配属。入試のときに植田紳爾が「お母さま、よくぞ産んでくださいました」と心中感嘆したほどの逸材だった。研1にして1987年『ME AND MY GIRL』で新人公演初主演。これは史上

ラブ・エキスプレス
（'84／星）

はばたけ 黄金の翼よ
（'85／雪）

愛あれば命は永遠に
（'85／花）

ザ・レビューⅢ
（'85／星）

メモアール・ド・パリ
（'86／花）

最年少であり、未だ記録は破られていない。天海自身はそのことを前もって知らされていたが、香盤が貼りだされたとき、あまりにざわついて本人は居所がなかったという。1993年研7という異例の早さで月組トップスターに就任。相手役は麻乃佳世。同期である姿月あさとは天海が本役の新人公演主演をしている。現代的な容姿で大人気だったが、1995年『ME AND MY GIRL』を最後に、トップスター在任たった2年で退団。その後の活躍は皆知るところ。

彩輝直

【あやきなお】

1990年入団。76期生。愛称「さえこ」「さえちゃん」。月組に配属。1996年星組に組替え。2000年新専科制度に伴い専科へ異動。2003年月組に組替え。2004年月組トップスターに就任。相手役は映美くらら。同年10月に映美が退団したため、退団公演である2005年『エリザベート』では二番手の瀬奈じゅんがヒロインであるエリザベートを演じた。彩輝のトート閣下は彼女の持つ妖しい魅力が全開。死にいざなわれるのも悪くないと思える役作りだった。サヨナラショーでの一人オスカルアンドレは忘れられない。

安蘭けい

【あらんけい】

1991年首席入団。77期生。愛称「とうこ」。雪組に配属。2000年星組に組替え。2006年星組トップスターに就任。相手役は遠野あすか。2007年『さくら／シークレット・ハンター』で大劇場お披露目。2009年『My Dear New Orleans／ア ビヤント』で遠野と同時退団。主席入団で男役トップになったのは汀夏子以来。トップ就任した大劇場初日挨拶で「夢は見るだけでなく叶えるもの。でも、もし叶えられなくても、叶えるために努力する道のりが夢」という名言を残す。宝塚受験に3度失敗、研16にしてトップに就任した彼女だけに胸にしみた。初演の『エリザベート』('96／雪)の新人公演ではであの難しいトートの歌を完璧に歌い上げ、伝説となっている。また、客席みんなが世界平和を願いたくなった『THE SCARLET PIMPERNEL』('08)の「ひとかけらの勇気」は印象的。パッションのある役が似合う一方、役作りは(その役の)傷口から入るという本人の弁の通り、支えたくなるスターでもあった。

有村淳

【ありむらじゅん】

劇団所属の衣装デザイナー。1991年入団。衣装補佐を経て1993年『TAKE OFF』(雪)でデザイナーデビュー。『エリザベート』('96／雪)や『ロミオとジュリエット』('10／星)など大作を担当。王道もさることながら『THE SCARLET PIMPERNEL』('08／星)での変装シーンや、『太陽王　～ル・ロワ・ソレイユ～』('14／星)などで見せた時代物にポップな現代要素をプラスした衣装は秀逸。

『1789 ―バスティーユの恋人たち―』('15／月)のマリー・アントワネットの衣装は、弾けているのに高貴さを失わず、彼が思い描いた「最高品質の陶器」というイメージが十二分に伝わった。同じ時代物でもロックになるとこうなるのかと衣装だけでも見応えがあった。生徒もあちこち見たいのに衣装もたくさん見たくて目が足りなくなる罪な先生である。

安寿ミラ
【あんじゅみら】

1980年入団。66期生。愛称「ババヤン」「ヤン」。花組に配属。1991年花組トップスターに就任。1992年『白扇花集／スパルタカス』でお披露目。相手役は森奈みはる。安寿といえばクール、ニヒル、元祖ツンデレ、そして「ヤンミキ」。ダンスの名手であり、大浦みずきのダンスの花組を見事に継承した。退団公演時に阪神大震災があり、途中で中止。当時の劇場飛天（現梅田芸術劇場）で数日だけ再開。サヨナラショーも改めてやり直した。退団後は振付師としても活躍。並み居るスターたちがファンの顔になって「ヤンさんが踊られると空気が変わるんです！」と嬉しそう。彼女が振り付けするシーンへのファンの期待値も高い。

暗転
【あんてん】

場面の転換時に舞台上の照明を暗くすること。トップコンビが銀橋にいるまま暗転になり、トップスターが娘トップの手を引いて小走りにはけるのがうっすら見えたときすごく幸せ。

アンドレの死に様
【あんどれのしにざま】

『ベルサイユのばら』('74／月)にて目が見えなくなったアンドレが敵の砲弾を受けて死ぬ様。この死に様は生徒により違う。蜂の巣のようにたくさん受ける人、4～5発で死ぬ人、いきなり前のめりに倒れる人。各スターごとに死に方が違い、注目される。いずれにしても、アンドレは瀕死の状態で一曲歌う。手すりにもたれかかっているように見えるが、実はよりかかってはいない。セットがくずれてしまうからである。美しい体勢の影に苦労あり。

安奈淳

【あんなじゅん】

1965年入団。51期生。愛称「オトミ」「ミキ」。雪組に配属。星組に異動し、鳳蘭とともに1970年星組トップスターに就任。1974年花組に組替えし、花組トップスターに。相手役は大原ますみ、上原まり、北原千琴。1975年『ベルサイユのばら』でオスカル役を演じ、大人気となる。ベルばら四天王の1人。1978年『風と共に去りぬ』で退団。

生田大和

【いくたひろかず】

劇団所属の演出家。2003年入団。2010年バウ公演『BUND／NEON 上海』(花)で演出家デビュー。2014年『ラスト・タイクーン―ハリウッドの帝王、不滅の愛―』(花)で大劇場デビュー。黒ぶちメガネがトレードマーク。『オーシャンズ11』('11／星)のイエン役の設定は彼の特技がヨーヨーだったため。『the WILD Meets the WILD』('13／宙)のキャッチコピーを、「割と、マジで、ウエスタン」としたおちゃめさもある。他の主な作品に『春の雪』('12／月)、『伯爵令嬢』('14／雪)など。

池田泉州銀行

【いけだせんしゅうぎんこう】

元池田銀行。2010年に泉州銀行と合併。池田銀行の時代から、娘役がイメージガールを務めている。

行け、フェルゼン

【いけ、ふぇるぜん】

『ベルサイユのばら―フェルゼン編―』にて、スウェーデンに戻ったフェルゼンがパリに舞い戻るときの歌。歌の題名は『ペガサスの如く』だが、歌詞のほうがタイトルよりも知れ渡っている。大劇場では馬車を模した箱が現れるが、全国ツアー公演などでは、簡易な絵の前でただフェルゼンがムチをふるう。さぁ、心の目を見開いて。見えてきますよ、伯爵の乗る馬車が。

石田昌也

【いしだまさや】

劇団所属の演出家。1979年入団。愛称「ダーイシ」。1986年にバウ公演『恋のチェッカー・フラッグ』(雪)で演出家デビュー。1991年『ブレイク・ザ・ボーダー！』(月)で大劇場デビュー。芝居とショーの両方を手掛ける。だじゃれやちょっと下品なセリフがあったりするが、役が多くストーリーがしっかりしているところを評価するファンも多い。他の主な作品に『銀ちゃんの恋』('06／月)など。

衣装

【いしょう】

帽子から羽根まで一括して「衣装」と呼び、その豪華さは宝塚の魅力の一つ。生徒はもちろん「お衣装」と呼ぶので、ファンもだいたいは「お」をつける。毎公演、株式会社宝塚舞台の縫製スタッフ（お衣装部さん）によって衣装作業場で手作りされる。伝統は崩さないが、近年の流行や生徒の好みなども取り入れて作られている。そのためか、たとえばバブル期はすごい肩パッドが入っていた。通常は専属デザイナーがデザインを担当するがたまに外部に依頼することがあり、過去に辻村ジュサブロー、高田賢三、ジャン＝ポール・ゴルティエ、コシノヒロコなどが担当した。記憶に新しいのは2014年『TAKARAZUKA花詩集100!!』（月）のアントワーヌ・クルックである。2本立てなら芝居で約200着、ショーで350〜400着の衣装があり、舞台袖の衣装室から通常は千秋楽に運び出し、同時に次の公演分の運び入れも行う。本番の早替えを手伝うのもお衣装部。舞台稽古で初めて早替えが間に合わないと判明することも多々あり、そのときはお衣装部で知恵を出し合いどうにか間に合わせるのだそう。演出家、生徒、みんなの要望をフルに叶える夢の製作所、お衣装部は、縁の下の力持ちどころか床（板）の上でも力持ちである。

あ

衣装合わせ
【いしょうあわせ】

できあがった衣装をお衣装部に合わせてもらうこと。足は上がるか動けるかなどをこの段階でチェックしておく。スタイルがよく見えるよう、1ミリ単位で調整するスターも多い。実際に衣装を着て動くのは舞台稽古からである。

板付き
【いたつき】

幕が上がったとき、または照明が入った時点で役者が舞台上にいること。

一路真輝
【いちろまき】

1982年入団。68期生。愛称「イチロ」「いっちゃん」。雪組配属。1993年雪組トップスターに就任。相手役は紫とも、花總まり。1996年日本初演の『エリザベート』を見事成功させ、退団。その後2000年からの東宝版では長らくエリザベートを演じた。硬質でクールな雰囲気や抜群の歌唱力などからノーブルかつ優等生的なイメージがあるが、80周年大運動会の綱引きで肋骨を骨折するなど、実はとっても熱い。トークもけっこう面白い。

逸翁デー
【いつおうでー】

劇団創始者である小林一三（雅号・逸翁）の命日である1月25日に開催されていたイベント。創立85周年となる1999年より毎年行われていた。公演中の生徒を中心に卒業生からもゲストを招き、逸翁を偲んで思い出を語り合い、歌を捧げる華やかなイベントであったが、没後50年となる2007年の開催をもって終了とされた。このときに歌われた『逸翁讃歌』は、小林一三の人生を歌った一大叙事詩。当時のトップスター（もちろん轟理事も）が各々ソロパートを受け持ち、美声を披露した。なかでもいっさい歌詞を見ずにソロを歌いきった当時の花組トップスター、春野寿美礼に敬意を表したい。

レビュー交響楽
('86／星)

ヒーローズ
('86／花)

ジュビリー・タイム！
('87／星)

ショー・アップ・ショー
('87／花)

一作トップ

【いっさくとっぷ】

トップ就任のお披露目公演がサヨナラ公演となり、トップスターとしての本公演は一作だけで退団してしまうこと。花組の匠ひびき、雪組の絵麻緒ゆう、宙組の貴城けいがこれであった。ファンにとっては「やっとトップになったのになぜ!?」という気持ちだが、その決断についていくしかない。

一本釣り

【いっぽんづり】

もともとカツオやサバなどで使われる1竿1匹の漁法に準えて、出演者が舞台上から1人の観客に狙いを定めて落としにかかる方法。主にウインク、微笑み、指さしが使われる。目が合うのがハッキリわかる前方の席がターゲットとなる。釣られればこれをキッカケに贔屓になるほど幸せだが、自分の贔屓が隣の席の友人に向かって一本釣りしているともう頭の中はタラレバの嵐。私が隣に座っていたら！　友人にこっちのチケットを渡していれば！　生徒は演出の都合でどの席を見ると決まっている場合もあるし、「そのとき目についた人」という場合もある。「白い服が目立つ」（＝一本釣りされやすい）という都市伝説も囁かれる。「銀橋を歩きながらどこかでお目当てを見つけておいて一度は通りすぎたように見せかけて振り返ってウインク！」が大和悠河流だと、本人が卒業後にバラエティ番組で若い男子に伝授していた。

一本物

【いっぽんもの】

前半・後半通して一つの作品を上演する公演のこと。『ベルサイユのばら』（'74／月）、『エリザベート』（'96／雪）、『ロミオとジュリエット』（'10／星）、『王家に捧ぐ歌』（'03／星）、『1789－バスティーユの恋人たち－』（'15／月）など。お芝居の後に簡単なショーがつくことが多く、もちろん、ラインダンスもある。ちなみに、通常の公演はお芝居とショー（またはレビュー）の2本立てが多い。

サマルカンドの赤いばら（'87／雪）　Too Hot!（'88／星）　キス・ミー・ケイト（'88／花）　ダイナモ！（'88／雪）　フォーエバー！タカラヅカ（'88／花）

稲葉太地

【いなばだいち】

劇団所属の演出家。2000年入団。2006年シアター・ドラマシティ公演『Appartement Cinéma』（花）で演出家デビュー。2010年『Carnevale 睡夢』（雪）が大劇場公演の作・演出デビュー。2013年『Mr. Swing!』（花）でのピンク色のスーツでの組子全員の銀橋シーン、2015年『宝塚幻想曲（タカラヅカ ファンタジア）』（花）での縦横無尽に大階段を駆けまくる黒燕尾のシーンなど、大勢口のシーンが何しろカッコいい。他に2014年『パッショネイト宝塚！』（星）、2015年『GOLDEN JAZZ』（月）など。

入り・入り待ち

【いり・いりまち】

楽屋や稽古場に生徒が入ることを「入り」といい、それをファンが待つことを「入り待ち」という。会に入り、入り待ち、出待ちをすることを「ガード」ともいい、このときはお揃いのストールやカーディガンなどの「会服」を身につけるのが基本。本公演では各会で会服が異なるが、外箱（博多座や中日劇場など）では全会共通の会服になることもある。

ウインク

【ういんく】

カッコよく片目をつぶって星やハートを飛ばすタカラジェンヌの武器。飛ばしやすいショーでは特に若手が銀橋を走りながらバチバチ飛ばしまくっており、さながらホストクラブに来たかと錯覚するほどである。数撃ちゃ当たるとばかりにウインクをしていた下級生時代を経て、上級生になるにつれて回数は減るがその分「パチン！」と効果音を入れたくなるウインクができるようになる。指をさしてウインクをするその名も「指さしウインク」に被弾すると、基本立ち直れない。男役のほぼ全員が持ち合わせる武器だが、「ウインクは罰ゲーム」というほどウインクができないのが壮一帆。いやいやご謙遜を、と思ったら本当にできていなくて、でもその姿がなんともいじらしい。

ウエストサイド物語

【うえすとさいどものがたり】

1957年初演のブロードウェイ・ミュージカル。シェイクスピア『ロミオとジュリエット』をベースに、ニューヨークのウエストサイドを舞台にした不朽の名作。1961年には映画化

もされた。『WSS』とも略される。宝塚では1968年、1969年に月組雪組合同で上演、『WEST SIDE STORY』として、1998年に月組、1999年に星組で再演。一本物。初演時の舞台稽古で新品のジーンズ、Tシャツ、ジャンパーを着ていたところ、来日していた演出家から駄目出しがあり、阪急電鉄の線路の周辺にある鉄粉をドラム缶いっぱいに集め、劇団の屋上に新しい衣装を並べて鉄粉と水をかけて皆で踏み、ドロドロになったものを洗うという作業を徹夜で行い、翌日の本番に間に合わせたという。著作権が厳しい海外ミュージカルのなかでもかなり厳しく、新人公演での省略も許されない。人気公演なのにメディア化しておらず、スカイステージでも写真が使用されるのみ。

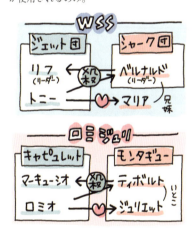

上田久美子

【うえだくみこ】

劇団所属の演出家。2007年入団。愛称「くーみん」。2013年バウ公演『月雲の皇子』（月）で演出家デビュー。この公演は好評のため東京特別公演として天王洲銀河劇場で再演された。もちろん異例である。2015年『星逢一夜（ほしあいひとよ）』（雪）で大劇場デビュー。まだデビュー間もないがファンからの期待度はかなり高い。他の主な作品に『金色の砂漠』（'16／花）など。

植田景子

【うえだけいこ】

1994年入団。劇団初の女性演出家。1998年バウ公演『ICARUS』（雪）で演出家デビュー。2000年『ルートヴィヒII世』（花）で大劇場デビュー。狂騒の20年代ともいわれるアメリカ合衆国の1920年代を舞台にした作品を得意とする。その時代の大人の男を描かせたら天下一品。他の主な作品に2001年『アンナ・カレーニナ』（雪）、2004年『THE LAST PARTY ～ S.Fitzgerald's last day ～』（月／宙）など。

植田紳爾

【うえだしんじ】

劇団所属の演出家。1957年入団。愛称「うえじい」。1974年『ベルサイユのばら』（月）初演の脚本を執筆、宝塚のベルばらブームの立役者の一人である。1977年には『風と共に去りぬ』（月）の脚本・演出も手掛ける。1996年劇団理事長に就任。5組化や東京宝塚劇場新設などの舵を取った。2004年退任。劇団特別顧問を務めている。2006年に行われた『植田紳爾演出家50周年記念スペシャル』における100人の黒燕尾シーン、大階段にびっしりと並ぶ黒燕尾の男役たちはまさにザ・宝塚であった。他の主な作品に『我が愛は山の彼方に』（'71／星）など。

うたかたの恋

【うたかたのこい】

1880年代のウィーンを舞台に、オーストリ

あ

アの皇太子ルドルフと男爵令嬢マリーの悲恋を描いたラブ・ロマンス。原作はクロード・アネによる同名の小説。原題が『Mayerling』であることからもわかるように「マイヤーリンク事件」をベースにしたもの。同名の映画もある。1983年雪組で初演以降、再演を繰り返す人気作品。大の大人が雪投げ、鬼ごっこ、花占いの後、かくれんぼに狼男ごっこをする無邪気さ。その裏で、ルドルフの死の世界へ旅立つ決心とマリーのご一緒する決心が見え隠れするこのシーンはハンカチ必携。『エリザベート』('96／雪) に出てくるあの皇太子ルドルフと同一人物である。

歌稽古
【うたげいこ】

ソロから全員で歌う歌まで、歌だけを稽古すること。作曲の先生や歌唱指導の先生に稽古してもらう。スカイステージのメイキング番組を見ると、かなり細かくワンフレーズごとに稽古していることがわかる。

映画の舞台化
【えいがのぶたいか】

『カサブランカ』('09／宙)、『オーシャンズ11』('11／星) など、宝塚では映画の舞台化もよく行われる。ハンフリー・ボガート、ジョージ・クルーニー、ブラッド・ピットなど並み居るハリウッド俳優より、贔屓のほうがずっと素敵と思うのがファンである。『フットルース』('12／雪)、『キャッチ・ミー・イフ・ユー・キャン』('15／星) の映像化を切望している。

EXCITER!!
【えきさいたー】

2009年花組で上演されたショー。藤井大介作・演出。2010年にいくつか場面を変更して、同じ花組で再演された。同じ組でしかも本公演での間をあけない再演はめずらしく、人気の高さが伺える。主演の真飛聖は「エキサイターで真飛聖という男役を存分に見せられた。これが退団を考えるきっかけとなった」と退団会見で語っている。中詰めの歌詞が、終演後頭から離れず、つい口ずさみ、つい手が動いてしまう。2017年花組全国ツアーで再演。

エスプリホール
【えすぷりほーる】

宝塚大劇場の中にある団体レストラン。下級生のお茶会やステージトークの会場としても使われている。

えと文

【えとぶん】

『歌劇』に掲載されている人気コーナーのタイトル。各組1人ずつ担当生徒が編集者により選ばれ、3ヶ月間、その組の様子を伝えることを目的にエッセイを執筆する。なかなかの長文で、文才が否応なしに問われる。「文」と共に生徒が描く「絵」も掲載。絵は、文を担当する生徒が他の生徒に依頼することもある。公演中に起きたハプニング、舞台を離れて組で行ったイベント（旅行等）、オフのこぼれ話などが盛り込まれる。トップスターをはじめ組子たちの日常が垣間見える、貴重な情報源である。

エトワール

【えとわーる】

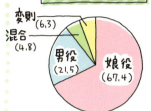

フィナーレのパレードの始まりに大階段で主題歌を歌う役柄のこと。エトワール（étoile）はフランス語で星という意味を持つが、まさにそんな役割である。主に歌の上手い娘役が務めるのでこれを目標にする生徒もいる。娘役はソロの機会が男役より少ないこともあり贔屓娘役には「いつかエトワールを」と願って止まない。劇場を包み込み震わせるほどの高らかな歌声のエトワールを聞き、贅沢感と幸福感に満ち満ちた状態でパレードに突入したいものだが、エトワールは男役の場合もある。もちろん、素敵な歌を聴けるなら満足だが。なお、退団者が務めることも多い。

「娘役エトワールを期待していたのに男役だった」という衝撃が強いせいか、半分くらいは男役なのではと思っていたが実際は2割程度。とはいえ、混合やなしも含めると娘役単独は7割に満たない。

絵麻緒ゆう

【えまおゆう】

1987年入団。73期生。愛称「Bun」。星組に配属。2000年新専科制度で専科に異動。2001年雪組に組替え。2002年雪組トップスターに就任。相手役は紺野まひる。2002年『追憶のバルセロナ／ON THE 5th』で大劇場お披露目と同時に紺野と共に退団。演技には定評があり、あたり役である1995年『殉情』の自らの目を針で刺す佐吉役では、本当に目を刺してしまいそうだから稽古場では小道具（針）を持つなと演出家である石田昌也に言われたほど。愛らしい容姿と美しい歌声だけでなく、オフの歯に衣着せぬ物言いもファンを魅了した。

エリザベート
―愛と死の輪舞（ロンド）―

【えりざべーと ―あいとしのろんど―】

1992年のウィーン初演以降世界各国で上演され、日本では1996年雪組で初演以降、すでに9回（2016年現在）の再演を繰り返している宝塚を代表する超人気演目。略して

あ

『エリザ』。小池修一郎潤色・演出。ウィーン版ではエリザベートが主演だが、宝塚版ではトートが主演に変更されている。トートは元々「死」を視覚化、具現化したものであったが、宝塚では「黄泉の帝王」という役柄におさまった。断固、死神ではない。歴代キャストそれぞれにスターの味が出るゆえに、当然ファンも「マイベストトート」「同フランツ」などを持つ。エリザの話題になれば必ず始まるのがマイベスト自慢大会。そんなファンの期待に応えるかのように、2006年以降OGの、主に歴代キャストによるガラコンサートも行われている。

エンカレッジコンサート

【えんかれっじこんさーと】

2001年よりバウで行われていたコンサート。抜群の歌唱力を誇った姿月あさとが退団を届け出る際、「歌唱力を発揮するチャンスが限られがちな若手に発表の場を」と劇団に提案したことから実現した。宝塚の公演の歌はもちろん、『ミス・サイゴン』『レ・ミゼラブル』など有名なミュージカルの歌も歌われた。2007年は若手ではなく専科で行われ、それを最後に現在まで行われていない。

演出家

【えんしゅつか】

舞台の演出を務める人。演技、振付、衣装、舞台セット全ての総監督のような存在。脚本もほぼ手がける。どの演出家が担当するかは、演目発表時の注目事項である。

遠征

【えんせい】

日本各地で行われる宝塚公演で、住んでいる地域から遠く離れた場所で行われるものを観に行くこと。東京など東に住んでいればムラへ行くことが遠征であり、大阪など西に住んでいれば東京へ行くことが遠征である。博多座や中日劇場、梅田芸術劇場、全国ツアー公

月日とともにイスも進化

下からのライトが作り出す雰囲気がよすぎる

ラ・バッション！
('89/雪)

ディガ・ディガ・ドゥ
('89/星)

ザ・ドリーマー
('89/月)

ベルサイユのばら
—アンドレとオスカル編—
('89/雪)

ベルサイユのばら
—フェルゼンとマリー・アントワネット編—
('89/星)

演などあちこちで行われる公演を追いかけ、新幹線や飛行機に乗ることが当たり前となり、泊りがけになる観劇が増えていく。宝塚ファンは飛行機の早割に敏感になり、マイルを貯め、夜行バスの時刻表と離れられない。

お稲荷さん

【おいなりさん】

舞台の安全祈願のための神棚。宝塚大塚場は楽屋入口にある。

凰稀かなめ

【おうきかなめ】

2000年入団。86期生。愛称「かなめ」「りか」「てる」「ぐっちゃん」。雪組に配属。2009年星組に組替え。2011年宙組に組替え。2012年宙組トップスターに就任。相手役は実咲凜音。2012年『銀河英雄伝説@TAKARAZUKA』で大劇場お披露目。2015年『白夜の誓い—グスタフⅢ世、誇り高き王の戦い—/PHOENIX 宝塚!!—蘇る愛—』で退団。8等身を超えて、9等身、いや10等身かもと思えるほどのスタイル。宝塚大運動会で金髪ロングのラインハルトカツラが素化粧なのに似合ってしまう美しさ。オスカルのバスティーユ、バトラーのアトランタなど、繊細なイメージに反して、慟哭演技で本領を発揮する。五組一高身長の宙組男役を従えて、もっとコスチュームものをやってほしかったと思うファンは多い。

大浦みずき

【おおうらみずき】

1974年入団。60期生。愛称「ナツメ」「ナーちゃん」。雪組配属。星組を経て花組へ。1988年花組トップスターに就任。相手役はひびき美都。1991年『ヴェネチアの紋章/ジャンクション24』で退団。ダンスの名手で「ダンスの花組」は彼女がいた時代にでき

ブライト・ディライト・タイム
('90／雪)

ベルサイユのばら
—フェルゼン編—
('90／花)

宝塚レビュー'90
('90／星)

ル・ポァゾン 愛の媚薬
('90／月)

た言葉。1991年『ザ・フラッシュ！』でのリンダ・ヘーバーマン振付のダンシング・オン・ザ・ベニー・グッドマン、1991年『ジャンクション24』での老人に扮していた彼女が突然踊り出すジャンクションなど名シーンは数多い。彼女のダンスは軽い動きで空気抵抗をまったく感じさせない。まさに「宝塚のフレッド・アステア」。1991年に退団したが1992年のニューヨーク公演ではメインで出演した。2009年、肺がんのため死去。お別れの会にはOGやファンなど約3,000名が集まった。

大階段
【おおかいだん】

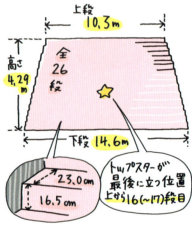

宝塚のシンボルともいうべき舞台装置。1927年9月の『吾が巴里よ〈モン・パリ〉』（花）で初お目見え。当時は16段で手動で設置されていた。少しずつ段が増え、現在は宝塚、東京ともに26段。普段は舞台奥に立てかけられているが、自動制御により140秒で使えるようになる。ショーの終盤、ロケットが始まり後ろの幕が閉まると、向こう側では階段が設置されているのだなと思わずにはいられない。段を大きくまたぐ足はより長く見え、大階段で繰り広げられる黒燕尾やデュエットダンスは"ザ・宝塚"。フィナーレでは出演者全員がこれを降りてくるが、もちろん顔は客席を向いており、足元は見ない。大階段から落ちるとトップになるというジンクスがあるというが、今までのトップ全員は落ちていないし落ちたからといってなれるわけではない。大階段に乗れる人数はMax 108人。まさに「100人乗っても大丈夫！」である。

大空祐飛
【おおぞらゆうひ】

1992年入団。78期生。愛称「ゆうひ」。月組に配属。宝塚きってのクールビューティとして人気を博した。2007年花組に組替え。2009年宙組に組替えと同時に、宙組トップスター就任。相手役は野々すみ花。同年、2009年『カサブランカ』で大劇場お披露目。研18と過去最高学年でトップスターに就任したこともあり、落ち着いた大人の色気とダンディな雰囲気が素敵だった。2012年『華やかなりし日々／クライマックス』で野々と同時退団。退団ブーケは紫のばら（花言葉は「奇跡」）。紆余曲折あったタカラジェンヌ人生を象徴するようなブーケだった。

鳳蘭
【おおとりらん】

1964年入団。50期生。愛称「ツレちゃん」。星組配属。1970年『僕は君』で安奈淳とともに星組トップスター就任。1974年安奈が花組に組替えしたため単独トップに。相手役は大原ますみと遥くらら。100周年の記念式典『時を奏でるスミレの花たち』で3公演とも出演したのは司会の真矢みきと彼女だけ。

『セ・マニフィーク』は3公演の最後のソロで、まさにオオトリにふさわしい名曲である。

大野拓史
【おおのたくじ】

劇団所属の演出家。1996年入団。1999年バウ公演『エピファニー』（星）で演出家デビュー。2008年『夢の浮橋』（月）で大劇場デビュー。洋物も手掛けるが、「日本物を作れると聞いて宝塚に入った」というほどの日本物好き。2014年『一夢庵風流記 前田慶次』（雪）で馬（人が入っているけれど。松風という名のこの馬はわざわざ松竹さんにお願いして、歌舞伎に出ている方に登場してもらったそう）、2016年『NOBUNAGA〈信長〉―下天の夢―』（月）で巨大な象と、立て続けに斬新な大道具を登場させている。他の主な作品に『更に狂はじ』（'00／月）、『エドワード8世』（'12／月）など。

大橋泰弘
【おおはしやすひろ】

劇団所属の装出家（舞台装置家）。「道具帳」に描かれた舞台のデザイン画は美しいの一言。2016年宝塚殿堂入り。芝居もショーも手掛ける。結構、べらんめえなお人柄で、時折スカイステージなどでお見かけすると親しみを感じてしまう。無理難題を言う演出家もいれば、おまかせの演出家もおり、後者のほうが予算的に助かるとは本人の弁。

大楽
【おおらく】

大千秋楽の略。本拠地だけでなく地方での公演も含め、その演目の公演の最終日。

お聞きになった？
【おききになった】

『風と共に去りぬ』（'77／月）でのご婦人方のセリフ調の歌。レットと結婚後、アシュレと昔話に興じるうちについ抱き合ってしまうスカーレット。そこをご婦人方に見られ、この歌と共に瞬く間に噂は街に広まる。女の噂好きは時代も国籍も関係がないと思われるシーンである。

荻田浩一
【おぎたこういち】

元劇団所属の演出家。1994年大学在学中に入団。愛称「オギー」。1997年バウ公演『夜明けの天使たち』（星）で演出家デビュー。1999年『螺旋のオルフェ』（月）で大劇場デビュー。2004年『ロマンチカ宝塚'04』（星）（脚本・演出）が第59回文化庁芸術祭『演劇部門優秀賞』（関西の部）を受賞。2008年『ソロモンの指輪』（雪）で退団。これまでの

宝塚では観たことがない"陰"の雰囲気を持ち、カオスへ導かれ抜け出せなくなってしまう妖しいショーを見せてくれた。他の主な作品に『バビロン』('02／星)、『タランテラ！』('06／雪) など。

オクラホマ！
【おくらほま】

1967年に月・星組合同により宝塚大劇場で上演されたミュージカル。宝塚歌劇にとって初のブロードウェイ作品の上演となった。1984年にはバウで花組が、2006年には日生劇場にて月組（主演は専科の轟悠）が再演している。

お稽古
【おけいこ】

いわゆる練習。生徒たちは集合日に香盤発表があってから舞台の幕が開くまでお稽古漬けの毎日を送る。本読み、立ち稽古、振り付け、歌稽古、振り固め、通し稽古、本通し、舞台稽古を経て幕が開く。お稽古期間は本公演は1ヶ月前後、新人公演は2週間前後といわれている。タカラジェンヌとはお稽古して公演してお稽古して公演して……を繰り返し、その合間に荷造りとお礼状書きをするのだ。

お稽古着
【おけいこぎ】

稽古のときに着る服。娘役がよく着用しているスカートは、足が180度開いても大丈夫な構造かつ滑りやすい生地でできており、自分で作ったり業者やファンに作ってもらったりする。スカイステージで流れる稽古風景では、「よくぞこんなにも役柄の衣装に近い服を探してきたな」と驚くこともしばしば。

オケボックス
【おけぼっくす】

宝塚では銀橋と本舞台の間にあり、上演中に生演奏する「オケピ」で有名なオーケストラピットのこと。宝塚は、専属の「宝塚オーケストラ」が2班による交代制で演奏している。

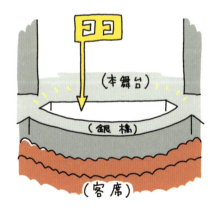

おさあさ

【おさあさ】

春野寿美礼（おさ）と瀬奈じゅん（あさこ）のコンビのこと。春野が77期、瀬奈が78期と"予科本科"の関係。オフで割とツンなイメージの瀬奈が、春野とのトーク番組などはデレという、そのギャップもまた人気の理由だった。お互い花組だった下級生時代は2人の並びがザクザク見られたが、2004年の瀬奈の月組への異動がおさあさの実質的な解体になってしまった。瀬奈のトップ就任というおめでたい出来事ではあったが、複雑な心境のファンも多かった。唯一並びが見られそうなTCAスペシャルでは、2005年は月組が、2006年は花組が東京公演中で出演できず、2007年にようやく見ることができた。しかし、春野の退団が決まっていたためこれが最初で最後となってしまった。同公演では「OSA & ASA」というコーナーが設けられ、「アサコー！」「まさちゃ〜ん！」と上手下手から呼び合い銀橋で4分間のトークタイム。コンビ再会を誰より楽しんでいたのはご本人たちかもしれない。

お掃除場所

【おそうじばしょ】

宝塚音楽学校で厳しく教えられることで有名なのが掃除。予科生の一年間、毎日一時間半同じ場所を担当するが実は担当場所によっては厳しくないこともある。旧校舎の玄関掃除の担当になるとトップスターになれるという都市伝説もあったようだが、定かではない。ただ、歴代の玄関掃除担当は大地真央、一路真輝、轟悠、真琴つばさ、稔幸、湖月わたる、彩輝直、春野寿美礼、音月桂とそうそうたる面々であることは事実である。

お茶会

【おちゃかい】

会が主催する、生徒を囲んだファンの集い。研3以下の生徒や会がない生徒の集いは「お茶飲み会」と呼ばれる。公演期間中にホテルの宴会場などで行われ、公演の（裏）話やプライベートの話が聞けたり、生歌、記念撮影、抽選会等、それぞれの会ごとに異なった企画が行われる。中にはゲームをしたり、生徒がショーの一場面を踊ってくれたりする場合も。丸テーブルに数名ずつ座る「テーブル形式」が多いが、参加人数が多くなると生徒のほうに向かってずらっとイスが並ぶ「シアター形式」になることもある。握手時に声掛けができる場合もあるが、そこで言う一言にはかなり悩まされる。そもそも気持ちを一言に集約できるはずはなく、「がんばって！ なんてもうとっくにがんばってる人におこがましい」などと考え始めると止まらず、結局何も言えずにエヘヘな感じで握手して終わる。が、それでも充実したひとときにスキップしながら帰路につく。基本的に非会員でも一人でも、

あ

参加可能。SNS等でのお茶会のレポートを禁止する「レポ禁」の会もあるので、内容を知りたければ参加するしかない。生で話が聞けてあの美しさを間近で見られて握手ができる（かもしれない）絶好のチャンス。気になる生徒ができたら、開演前に劇場外でチケット出しをしている会のスタッフに声をかけて申込書をもらい参加してみよう。

お手紙
【おてがみ】

ファンが生徒に気持ちを伝えられる代表的な手段。組や作品、役からイメージされるシールを貼ったり、作品の世界観に沿った便箋を使ったりと、喜んでもらいたい、記憶に残ってほしいという思いで工夫を凝らす。公式で出しているご本人のポストカードに書く人もいる。

男役
【おとこやく】

男性を演じる生徒のこと。1924年宝塚大劇場設立に伴いレビュー形式を取り入れた際、男装するようになったのが始まり。女性目線で理想の男を演じられるせいか男以上に男であり、そして美しい。さらにクサく、色っぽく、カッコよく……。観客が求めるものは「男」ではなくあくまで「男役」なのだ。

男役10年
【おとこやくじゅうねん】

女性である生徒が男役を演じるのは難しく、10年精進してようやく一人前になるという意味。先輩の所作を見て真似をしつつ自分の型を作っていき……。スーツの着こなし、後ろ姿、ちょっとしたしぐさ。「男」に扮するのではなく、「男役」になるにはやはり10年はかかるのだ。

ジーザス・ディアマンテ（'90／星）　ザ・フラッシュ！（'91／花）　スイート・タイフーン（'91／雪）　ベルサイユのばら—オスカル編—（'91／月）

音月桂

【おとづきけい】

1998年入団。84期生。愛称「KEI」。雪組に配属。2010年雪組トップスターに就任。2011年『ロミオとジュリエット』で大劇場お披露目。相手役は舞羽美海（2011年『黒い瞳／ロック・オン！』より）。2012年『JIN―仁―／GOLD SPARK!―この一瞬を永遠に―』で舞羽と同時退団。何しろ美声で歌がうまく、ダンス、演技と三拍子揃っている上に、明るいキャラクター。大劇場4作での退団は惜しまれた。トップ在任中に演じた海外ミュージカルのうち、2011年『ハウ・トゥー・サクシード』と2012年『フットルース』が著作権の壁に阻まれて映像化されていないのは悔しい。

おとなり歩き

【おとなりあるき】

ムラで入りの際に、集合場所から決まった場所までを生徒の隣で一緒に歩くこと。会員の特権だが、誰が隣になるかは会により決め方が異なる。全員くまなくなれるよう配慮する会もあれば、じゃんけんで決める会もある。ある会が先着順にしたところ徹夜組が出てしまったため今はしていないという話もある。贔屓の横で歩けるなら徹夜の一つや二つはものともしないファン。しかし実際は緊張して顔も見れない、言葉も話せないことが多い。もちろん、それでも隣を歩きたいのだが！

小原弘稔

【おはらひろとし】

元劇団所属の演出家。1956年に入団。1960年『新・竹取物語』（雪）で大劇場デビュー。1987年『ME AND MY GIRL』（月）初演の脚色・演出を手掛けた。1994年『コート・ダジュール』（雪）の上演中に肺がんのため死去。フィナーレでの階段の降ろし方に特徴があり、1人ずつ止まらずに降りてくる。その降り方は、今も『ME AND MY GIRL』('87／月）で見られる。他の主な作品に『ザ・フラッシュ！』('91／花）、『スパルタカス』('92／花）など。

お披露目公演・お披露目

【おひろめこうえん・おひろめ】

トップスターに就任して初めての公演。本拠

ナルシス・ノアール
('91／星）

ジャンクション24
('91／花）

ラバーズ・コンチェルト
('91／雪）

ブレイク・ザ・ボーダー！
('91／月）

紫禁城の落日
('91／星）

地以外でのお披露目はプレお披露目として扱い、実質トップ就任2作目であっても、本公演は「"大劇場"お披露目」であり、特別なもの。新しいトップスターの大劇場での開演アナウンスの際には熱く拍手をし、パレードで組子に見守られながら一番最後に大階段を降りてくる姿に心がふるえる。新しい時代の始まりと同時に、トップファンは応援してきた年月を思い嬉しさをかみしめる公演である。とはいえ、トップ就任は退団へのカウントダウンの始まりでもある。「すごく幸せだけど、ちょっとだけ寂しい」という複雑な気持ちになるものだ。

オペラ

【おぺら】

オペラグラスの略。観劇用に用いられる小型の双眼鏡。舞台全体を観るのも楽しいけれど、観れば観るほどもっと表情を観たくなる、そんなときの必須アイテム。生徒が出てきた途端に一斉に上がるオペラにその生徒の人気を感じることも。オペラはいらないだろうというくらい前方の席でも、その席でこそ観ることができる化粧の細かさもあるので、やはりオペラは必要といえる。はりきってつけまつ毛やまつ毛エクステをして行った日にはオペラの邪魔になり後悔。量販店で自分に合うオペラを探すもよし、劇場でレンタルしているものを利用するもよし。膝の上にスタンバイして幕が開くのを待とう。

オペラ越しに目が合った

【おぺらごしにめがあった】

誰に何と言われようとオペラ越しに目が合うことはある。これはファンの錯覚や幻想ではない。元花組トップスター、蘭寿とむが「本当にオペラ越しに目が合うときがある」と断言。ファンに希望を与えた。「このオペラにカメラ機能がついていればいいのに！」と思う瞬間である。撮影はもちろんNGだが。

思い残すことはござらん

【おもいのこすことはござらん】

『忠臣蔵』('92／雪）で、杜けあき演じる大石内蔵助が、討ち入りに成功し赤穂浪士が泉岳寺に引き揚げる際に言うセリフ。宝塚での公演は旧宝塚大劇場閉場前の最終公演にして杜けあきのサヨナラ公演であり、杜は脚本・演出の柴田先生に「このセリフだけは杜あきになっていいよ」と言われていたという。先生、にくい！

表打ち

【おもてうち】

拍子のあたまでリズムを取る方法。後で取る拍手を裏打ちという。たとえば、4拍子でタンタンタンタンと拍手するのが表打ちで、ンタンタンタンタンと拍手するのが裏打ちである。客席の手拍子は裏打ちが多いが、全国ツアーに行くとなぜか表打ちが多い。自分の地元で

表打ちの手拍子が始まると何とも恥ずかしいような申し訳ないような気持ちになる。

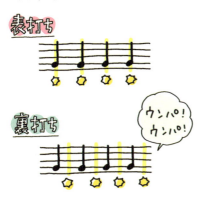

お礼状
【おれいじょう】

公演観劇のお礼として生徒から送られてくるもの。主に公演中の舞台写真や衣装を着た写真のハガキが使われる。会の会員であればお礼状を受け取れる可能性は高い。お世話になったお店や出身スクールなどにも送られることがあり、飾られていることも多い。

お忘れ券
【おわすれけん】

チケットを忘れたときに発行される簡易的な券。座席番号／購入ルート／住所／名前など必要事項を記載し、開演5分前になってもその座席に誰も座っていなければ発行してもらえる。後日忘れたチケットを劇場に郵送しなければならない。ただし確実に発行してもらえるものとは言い切れないので当日チケットを忘れないのが何より。

OG
【おーじー】

宝塚歌劇団卒業生のこと。OGが公演を観に来ると、客席は沸き、時に拍手が起こる。拍手されたからといって何をするでもなくササーと客席を後にするのだが、あるとき拍手に応えて客席に手を振った湖月わたるが、さらに大きくなった拍手にビックリし、その後恥ずかしそうにペコペコしていた様子はなんとも可愛かった。

OG公演
【おーじーこうえん】

OGが複数またはメインで出演する公演のこと。海外ミュージカルなどでOGが複数出演しても外部の演者が多ければ、OG公演とはいわない。東宝が主催するものもあるが、そうでないものもある。宝塚歌劇団としての公演ではないもののリサイタルなどでは自らの代表曲などを歌うことがあり現役からのファンは感無量である。

オータカ
【おーたか】

日本女子大学附属高校の研究会『OH！宝塚』のこと。宝塚のコピーレビューを文化祭で披露している。コピーとはいえ超本格的で連日2,000人規模を集客。"本物"のほうでは禁止されている掛け声や黄色い歓声もこちらでは飛びまくる。歌は口パクで手作り衣装と独自の振り付けのダンスだが、その完成度にはただただ脱帽。最近は立派な羽根を背負っているが、最初の頃は羽根のかわりにススキを使用するなど試行錯誤の歴史も。オータカ出身で宝塚に入団した生徒もいる。ちなみに、お花様は同校の出身だがオータカ出身ではない。

SPECIAL INTERVIEW

「神秘的なヴェールは
纏ったままで」

稔幸（元星組トップスター）

——宝塚音楽学校受験のきっかけは？

「幼い頃からバレエを習い、本当は高校卒業後、ニューヨークへダンス留学したかったのですが、親から、日本で踊ることができて、女性でも活躍できる宝塚を視野に入れてみてはどうか？ と薦められたのがきっかけです。時代的には、劇団四季の『CATS』上演が始まったばかりで、日本ではまだダンスでプロとして活躍していく土壌が確立されてなかったように思います。踊れるうちにとにかく踊りたい！ という気持ちがあり、高2の終わりの頃、宝塚の受験クラスのあるバレエ団に通い始めました。ジャズダンスを積極的に学び、ニューヨーク留学に向けての準備も同時にしていました」

——留学の夢も持ちつつ、宝塚受験されたのですね。入学に迷いはありましたか？

「ありませんでした。日本で大学進学を望んでいた親の反対を押し切って芸の道を選んだので、選んだ以上は少なくとも3年は頑張ろうと。でも、音楽学校入学初日にはもう"やめたい"って思いました(笑)。入学成績4番までが委員になるのですが、私は3番で、しかも4人の委員のうち私だけが寮生。厳しい寮生活と委員としてやるべきことの両立は、本当にいろいろと大変だったんです」

——委員には、主にどんな役目が？

「基本は同期の取り纏め役。予科生のときは、指導担当の一年上の本科生と密に接します。同期は連帯責任で行動しますが、委員は、代表して注意され、謝罪することも多く、栄誉というより正直面倒な立場です。非常に忙しい日々なので、委員はできれば避けたい役割。翌学期で成績を落とすために楽典のテストを白紙で提出し、5番になりました(笑)」

——宝塚音楽学校は掃除の厳しさでも有名ですよね？

「厳しいですね。私は、轟悠、真琴つばさの3人で玄関掃除を担当していました。玄関掃除は学校の顔。登校してくる先輩方に一番に挨拶をしながら、ぬかりなく掃除をしなくてはいけない。いつも監視されている感じでした。しかも、ガラス戸が多く、指紋ひとつ許されない、枯葉ひとつも許されない(笑)」

——厳しさを乗り越えて、いよいよ初舞台初日のラインダンスですね

「私たちの期のラインダンスは、大階段を使う構成でした。宝塚といえば大階段。そこに同期全員がひな壇のように並ぶところから始まるラインダンスだったので、お客様から

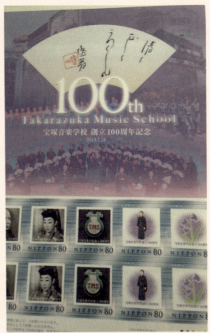

稔さんの退団記念（「宝塚歌劇」掲載）の写真。宝塚音楽学校で「袴の着付け方」の見本となったそう。

宝塚音楽学校の100周年の式典の出席記念に配られた記念切手。袴姿の写真は稔さんの写真をモチーフに。

"わぁ〜！"と湧き上がる歓声をいただき、それを直に感じた高揚感は忘れられないですね」
──まだ入団間もない頃から、いつかはトップスターになりたい、と志を抱くものなのでしょうか？
「そういう方もいらっしゃると思いますが私はそうではありませんでした。新人公演でも、小劇場作品でも、脇役が多く、それを楽しんでいたんです。そろそろ退団しようかと思った頃、すぐ上の先輩が退団され、突然、新人公演の主役に抜擢され、意識が変わりました」
──なぜ、退団しようと？
「念願のニューヨーク公演に参加した後、待っていたのは『ベルサイユのばら』東京公演。原作のマンガが大好きだったけど、実は宝塚版を観たこともなかった私は、あの壮大な世界についていけない気がしてしまい、葛藤しました。そして、5年頑張ったし、ニューヨークで踊ることもできたし、と浅い達成感もあったので、もういいかなと。でも、新人公演初主役で、舞台への観念が激変し、ここでもう少し頑張ろうと思いました」
──男役でしか味わえない醍醐味を感じられていたのでしょうか？
「私が下級生の頃の星組は特に、男役、娘役、それぞれ徹底した教育をされていたと思います。服装も男役はスーツ＆ネクタイ、白のロングコート、白のロングブーツなどが必須アイテムでしたし、娘役は相手役に合わせた稽古着を用意するなど、独特でした。相手の男役が下級生でも娘役はとことんつくしてくれる。男役の成長は、上級生の娘役のサポート

SPECIAL INTERVIEW

があってこそかも知れません。凄い世界です。芝居とショーの相手役が変わり、これまたややこしくなったりしているのを傍観していたこともあります（笑）。また、私の主演作で、オフで仲の良い下級生が偶然抜擢されたとき、それが原因で叩かれる材料になるかもしれないと、人前では敢えて厳しくしたりして気を遣いました。が、それで逆に不仲説が出てしまったこともありましたね〜。やはり宝塚は男役の世界。相手役のために包容力を学び、男役の美学を探求し続けました。リーゼント・黒燕尾・後ろ姿。男役の萌えポイントです」

──稔さんのトップ相手役である星奈優里さんとのコンビは、ゴールデンコンビとも呼ばれましたね。

「彼女がいたからこそ生まれた名場面があったと思います。とにかく動きが美しい！ 山も谷も共に乗り越えてきた同士のような関係です」

──宝塚ならではの舞台装置、銀橋からの眺めは？ １人で渡りきれるのは限られたスターのみ、ですよね？

「そうですね。銀橋からは客席のお客様がよく見えますよ。キツいスポットライトがあたっていない限り、表情から何色の服を着ているとか、全部見えます」

──現在の宝塚歌劇は、ＯＧである稔さんの目にどう映っていますか？

「よく同期と話すのは、"今だったら私たちは入れないね" と（笑）。今の生徒さんは何でもできて、皆さん、下級生の頃から、とてもキレイ！ これはネットが普及した情報化社会の賜物かも知れませんね。でもその反面、大変なのだろうと思います。私の時代はもっと不便だったぶん、ヴェールがかかっていたところがありました。現代は何でも情報公開してしまいますが、タカラジェンヌは永遠に"夢を売るフェアリー"として神秘的な部分を保ってほしいです」

──情報化社会の中で、宝塚ファンの夢を守るのは大変でしょうね。

「演出的にも日進月歩で、プロジェクションマッピングを使ったり、視覚に訴えるパフォ

Profile

みのる・こう／宝塚歌劇団の元星組トップスター。1985年宝塚歌劇団入団、1998年星組トップスターに就任、2001年結婚により退団。東京の千秋楽での白馬に乗っての楽屋入りはもはや伝説である。

ーマンスも充実してきていますから。見せ方の難しさも同時にありそうですよね。それでも温故知新、伝統を守りながら進化する宝塚歌劇。素晴らしいことだと思います」

──今後の宝塚歌劇に対して、望まれることは？

「昔のほうがよかったと耳にすることもありますが、時代と共に進化してこその宝塚。美しい容姿、高い技術を兼ね備えた現代のタカラジェンヌが、宝塚らしい唯一無二の輝きでお客様を魅了してくれるよう、常に『ときめき』のあるステージを作り続けていただきたいです」

か行

【 か行の言葉 】

会／階段降り／下級生／鏡の間／楽屋／肩パット／神席／仮面のロマネスク／ガラスの馬車／キャトルレーヴ／清く正しく美しく／銀橋／組カラー／紅5／劇団レッスン／化粧前／公式／ゴールデンコンビ／今宵一夜 etc.

会

【かい】

生徒個人を応援するための劇団非公認の私設ファンクラブのこと。

開演アナウンス

【かいえんあなうんす】

「みなさま、本日はようこそ○○劇場へお越しくださいました。○組の△△です」で始まる開演前のアナウンス。宝塚大劇場や東京宝塚劇場ならトップスターが、バウや他の劇場ならその公演の主演の男役が務める。ちなみに、1994年新人公演主演では娘役である花總まり（『風と共に去りぬ』スカーレット役）が務めた。TCAスペシャル（過去の愛読者大会でも）でも娘役が開演アナウンスを務めている。開演アナウンスに続いて作・演出、タイトルを紹介。贔屓のバウ初主演でのアナウンスは元より、大劇場初主演（つまりお披露目公演）のアナウンスは待ってましたでファンは涙、涙。お披露目公演初日（人によっては全日）ではアナウンスで熱い拍手が起こる。

海外公演

【かいがいこうえん】

1938年、天津乙女を組長とする総勢30名が、日独伊親善芸術使節団としてヨーロッパ25都市で公演を行ったのが初の海外公演。その後の海外公演もトップスターと各組・専科の選抜メンバーで行っていたが、2000年のベルリン公演を最後に選抜メンバーでの公演は行われていない。2013年星組、2015年花組の台湾公演は今までは招待されていく形だったが、初の主催公演。かなりの人気を集め、2013年公演のトップスター柚希礼音のサヨナラ中継は台湾でも行われた。なお、2010年のTCAスペシャルで海外公演の歴史を歌にしたものを各組スターが歌い継いだが、それは海外公演がテーマの作文を歌にしたようなものだった。

海外ミュージカル

【かいがいみゅーじかる】

1967年『オクラホマ！』（月・星合同）を好演、以降数多くの海外ミュージカルを上演してきた。『ウエストサイド物語』（'68・'69／月・雪合同）、『エリザベート』（'96／雪）、『ME AND MY GIRL』（'87／月）、『ガイズ＆ドールズ』（'84／月）、『THE SCARLET PIMPERNEL』（'08／星）など、チケ難必至の大人気公演の多くは海外ミュージカルといっても過言ではない。『グランドホテル』（'93／月）のようにショーとの2本立てもあるが、だいたいは一本物。著作権の関係からルサンクに脚本が載らず、もっと厳しい場合、映像化もされない。著作権……！

ガイズ&ドールズ

【がいずあんどどーるず】

1950年初演のブロードウエイ・ミュージカル。宝塚では1984年の月組で大地真央&黒木瞳のゴールデンコンビで初演。再演は紫吹淳と映美くらら、再々演は北翔海莉と妃海風。星組公演はお披露目公演だった。スカイのプレイボーイっぷりと、超絶かわいいサラの酔っ払う姿が見どころ。観劇後には舞台に出てくるカクテル「ドルセデリーチェ」が飲みたくなること必至。この公演を観ると、1950年代にはハバナに日帰りで行けたんだな、キューバと国交あったんだなと思ってしまい、いわゆる「キューバの雪解け」(2015年アメリカとキューバの国交復活)に詳しくなる(ファンもいる)。

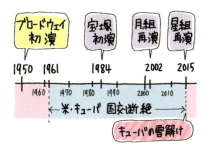

階段降り

【かいだんおり】

フィナーレのときに階段を降りてくること。その順番から番手を確認でき、番手があやふやにされている組では特に注目される。まずは贔屓がセンターを降りてくることに喜び(下級生や路線に乗っていない生徒は両サイド)、歌を歌う姿にホロリ、一人降りになったことに歓喜……と一喜一憂を繰り返す。退団公演千秋楽にて挨拶の際に大階段を降りてくることもこう呼ぶ。研5以上でないと退団時の階段降りはできない。

会服

【かいふく】

会で決めたお揃いの服や小物。ユニフォームのようなもので着用していないとガードに参加できない。"新人公演を卒業するまでは小物禁止、その名の通り「服」でないといけないため、ストール等は研8以上"など、組またはそのときのトップスターによって規則がある。集合場所に到着するまで着用せず、解散後はいそいそと脱ぐ様子を見ていると、ガードに参加するための通行券といっても過言ではない。

外部出演

【がいぶしゅつえん】

現役生が宝塚歌劇以外の舞台に出演すること。最近では雪組の望海風斗が井上芳雄のソロコンサートに外部出演した。井上の妹が望海と同期という縁もあって実現した夢の組み合わせで、チケット難公演となった。また、OG主体の『エリザベート スペシャル ガラ・コンサート』にも現役生が出演している。注目は伝説のルキーニでもある轟悠が出演したこと。2012年に引き続き、2016~2017年の公演にも出演。2012年版には初演メンバーによるバージョンがあり、かなりの人気を集

めた。

鏡の間
【かがみのま】

『エリザベート』('96／雪）第17場、一幕最後を飾る圧巻のシーン。エリザベートの更衣室、フランツが要求を飲むことを告げると、"シシィスター"と呼ばれるアクセサリーを髪につけ、真っ白なドレスに身を包んだエリザベートが登場する。音楽も相まってまさに皇后！のオーラを放ち、フランツだけでなく、観客全員（もちろん銀橋のトート閣下も）がその美しさに息を飲む。歴代キャストに合わせてデザイン・作成される豪華なドレスも見どころのひとつ。なお、参列者が皇后を品定めしながら踊っている場所もシェーンブル宮殿の鏡の間である。

下級生
【かきゅうせい】

下のほうの学年の生徒のこと。新人公演卒業までというおおよその目安はあるが厳密には決まっていない。宝塚はどんなときでも序列が大事。たとえ、スターであっても上級生には平身低頭である。

楽屋
【がくや】

舞台に出演するための準備をする部屋。宝塚大劇場と東京宝塚劇場に3つずつある。専科部屋（専科生が利用）、幹部部屋（各組の上から4番目までの学年の生徒が利用）、大部屋（その他の生徒が利用）となる。トップスターであっても、学年が下ならば大部屋に入る。ここでも学年順、成績順で決められた場

夢・フラグランス
('92／月)

スパルタカス
('92／花)

この恋は雲の涯まで
('92／雪)

ワンナイト・ミラージュ
('92／星)

メモリーズ・オブ・ユー
('92／月)

所の"お化粧前"で準備。男子禁制のためたとえ演出家でも入室できない。楽屋でのバスローブ着用は上級生の特権であり、それに憧れる生徒もいる。

楽屋日記
【がくやにっき】

『歌劇』に掲載されている各組の生徒が書いている記事。主に楽屋のこぼれ話などで『えと文』よりは短めである。下級生が書くことが多い。

歌劇
【かげき】

舞台芸術の一種で、セリフ運びの一部または全てを歌によって見せる演劇の総称。我らが宝塚歌劇団が発行する機関誌のタイトルでもある。1918年創刊。当時の定価は20銭。写真中心のグラフに比べて文字が多い。生徒の原稿が年々絵文字でいっぱいになっており、もしかして原稿を携帯やスマホで書いているのではという疑惑も。とはいえ、それをそのまま載せてしまう編集部には頭が上がらない。

掛け声
【かけごえ】

ショーでスターが発する男らしくも色っぽい声。声でもあり、時に息でもある。男役群舞ではジリッ…ジリッ…とやってきてじっと間を置き、観客の期待値が最高に高まったところでの「フッ！」。この声で場面が引き締まったところで拍手が起こり、終盤の盛り上がりへ。公演や役、何よりスターにより掛け声に違いがあり、楽しみなポイントの一つである。ラテン系のショーでは「オラオラ〜」など、紳士の群舞とはまた違う声を聞かせてくれる。なお、客席からの掛け声は禁止。

カゲコーラス／カゲソロ
【かげこーらす／かげそろ】

舞台上に出ずに行われるコーラス。一人で歌

ファンシー・タッチ
('92／花)

忠臣蔵
('92／雪)

PARFUM DE PARIS
('93／星)

ラ・ノーバ！
('93／花)

BROADWAY BOYS
('93／月)

49

う場合はカゲソロという。舞台袖の専用の部屋（コーラスボックス）に舞台モニターとマイクが設置されており、そこで歌う。舞台モニターには舞台の映像と併せてオケの指揮者が映っている。

貸切公演

【かしきりこうえん】

会社が劇場を貸し切って会社の顧客を招待、または顧客に販売する公演のこと。有名なのはスポンサーとなっているカード会社や銀行、また系列の旅行会社などが行うもの。「○○円以上の買い物で抽選で宝塚歌劇観劇が当たる！」などもこれである。貸切会社によっては幕間に抽選会、終演後にトップスターの挨拶が行われる。近年は貸切に合わせて通常の挨拶にひと言、ふた言プラスしてくれるトップスターもおり、お得感がある。貸し切る会社の社名をつけて「VISA貸切」「阪急貸切」「コーナン貸切」「農協貸切」「加美乃素貸切」などと、ファンの間では呼ばれることもある。

春日野八千代

【かすがのやちよ】

1929年入団。18期生。愛称「よっちゃん」。月組に配属。その後星、雪、花、雪の組替えを経て、1949年に歌劇団理事に就任。1956年からは演出も手がけた。元祖男装の麗人であり、当たり役は『源氏物語』（'52／花）の光源氏。2012年、100周年まで後2年というところで、現役生徒のまま亡くなる。亡くな

る前は記念式典などで舞う姿くらいしか公では見られなくなっていたが、2009年『歌劇通巻1000号記念スペシャル 百年への道』のトークコーナーにスペシャルゲストとして登場。そのときに天衣無縫なおしゃべりを披露。ファンは驚き、喜んだ。

家政婦協会

【かせいふきょうかい】

2004年『JURIの"それってどうなの!?"』に乱入した宙組・美郷真也と寿つかさのコンビで、家政婦の格好をしている。その後2人は宙組の組長と副組長になり、美郷が卒業するまで数回スカイステージの番組に登場した。

風と共に去りぬ

【かぜとともにさりぬ】

マーガレット・ミッチェル原作の小説を元に

したお芝居。一本物。1977年月組で初演。5組全てで上演された。初演時のレット・バトラーはオスカルに続き榛名由梨。スカーレットは順みつきで男役。それ以来、男役がスカーレットを演じることが多い。二枚目スターが初めて髭をつけた作品でもある。スカーレットの心情を吐露するスカーレット2はある意味発明。セントルイス・ブルースやナイトアンドデイなどのフィナーレナンバーはいつ観ても楽しい。最近は全国ツアーや他劇場での上演が中心だったが、2013年にほぼ20年ぶりに大劇場公演として復活。セットの汽車の大きさに度肝を抜かれたファンは多い。

肩パット

【かたぱっと】

男役の衣装に必須のアイテム。男らしい体格に近づけるためのものだが、近年は流行に合わせてパットも小さめになっている。

割愛

【かつあい】

公演DVD・ブルーレイで一部が無音、または他の曲に差し替えられること。「著作権上の理由により楽曲を割愛しております」とおことわりが表示される。口パクで歌い踊ることになる差し替えは何とも虚しい気持ちに。それが見せ場のシーンでも、退団公演でもお構いなし。ファンはまず無事にメディア化されることを祈り、次は割愛がないことを祈って待つしかない。楽曲が使用できずシーン丸ご

とカットなどもあったことを思えば、差し替えで映像を見られるだけいいのかもしれないが……。メディア化の際に使えない楽曲は最初から使用しなければいい！　いや、でも割愛されたあの歌、とても素敵だったから生で観られてよかったんだ……いやだからこそもう一度DVDで……と、堂々巡りである。

学校へ行こう！

【がっこうへいこう】

TBSで放送されたバラエティ番組。主な出演者にみのもんた、V6など。宝塚音楽学校を受験する数名に密着する企画があった。ワイドショーや情報番組でこういった密着番組はよく見たが、まさかのジャニーズ、まさかのゴールデンで高視聴率だった。取材を受けたのは2006年入学の94期と2007年入学の95期。今やバリバリの男役である94期の美月悠（宙）、95期の輝月ゆうま（月）の初々しい姿が見られる。ちなみに2004年入学の92期、彩凪翔と凛城きらは日本テレビ『ザ・ワイド』で密着されている。

カヅラカタ歌劇団

【かづらかたかげきだん】

日本屈指の進学校、東海中学高校の演劇部のこと。女性だけの劇団である宝塚とは逆に、男子校生が女性を演じる"男子校生版宝塚"。メイクや言葉づかい、仕草まで本格的に演じて女性になりきる。演目は『ベルサイユのばら』『ファントム』『眠らない男・ナポレオン』など宝塚のもの。毎年秋に公演を行っており、3,500人を集客した年もある。県外から遠征してくるファンもいる。2017年には「1789―バスティーユの恋人たち―」を上演。

哀しみのコルドバ

【かなしみのこるどば】

19世紀末のスペイン・コルドバとマドリードを舞台に、闘牛士の道ならぬ恋を描く。1985年星組にて初演。柴田侑宏脚本・演出。その

51

後、全国ツアーなどで3回再演されている。実は兄妹だったという"赤いシリーズ"的なオチにちょっとだけ古さは感じるが、その少女漫画的結末がこの作品最大の魅力でもある。

カプコン
【かぷこん】

日本のゲームメーカー。『逆転裁判』（'09／宙）、『逆転裁判2』（'09／宙）、『逆転裁判3 検事マイルズ・エッジワース』（'13／宙）、『戦国BASARA』（'13／花）が宝塚で舞台化された。逆転裁判3以外は蘭寿とむ主演という縁の強さ。

カフス
【かふす】

男役がつけているカフス。歌劇団から用意されるものではなく自前なので、プレゼントすると喜ばれることも。耳につけるキラキラの飾りはイヤーカフスという。もちろん、これも自前である。

髪飾り
【かみかざり】

衣装部で用意しているものもあるが、生徒が自分で手作りしているものも多い。芝居もショーも髪型や髪飾りはまず演出家の意向を優先。その上で、相手役とのバランスを考えながら作っていく。娘役はショー付の本公演で（ある程度上級生なら）5〜6個は作ると

いう。文具でおなじみの白い下敷きを塗装したり針金を熱で曲げたりと、まるで職人である。髪飾りは役目が終わると、パーツを再利用するためにばらしてしまうことが多いとか。残念な話である。

神席
【かみせき】

センター最前列（とその付近）の席。生徒の頭蓋骨の小ささを間近に感じられ、目が合うのが"気のせい"ではなく"確実"と思える。トップスターの羽根で風を感じられ、香水の香りも漂ってくる。誰もが喉から手が出るほど欲しいがなかなか手に入らず、一生に一度座ることができるかできないかという席。いつも神席に座るという方の話を聞いては、「でもほら最前列なんて舞台全体が観えづらいでしょう？」と強がりを言ってみる。後ろのほうから舞台全体を観た後に神席で観劇するのが宝塚ファンの見果てぬ夢。もちろん、サブセンター、上下ブロックでも、贔屓の立ち位置の正面前方席なら「私的神席」になる。

加美乃素

【かみのもと】

株式会社加美乃素本舗。神戸に本社を置き、主に頭髪化粧品を扱う会社。1960年代後半から劇団の生徒をイメージキャラクターとして起用。歴代のイメージキャラクターは寿ひずる、大地真央、四季乃花恵、貴城けい、北翔海莉。愛用者を対象にした貸切公演も行っている。2009年10月16日、宝塚大劇場に緞帳「Access the World ―飛翔」を寄贈した。北翔海莉は、貸切公演時に加美乃素をモチーフにした替え歌で最後の階段降りをしたという猛者。

仮面のロマネスク

【かめんのろまねすく】

コデルロス・ド・ラクロ原作の『危険な関係』を原作とした大人のラブストーリー。柴田侑宏脚本・演出。1997年の初演はトップスター高嶺ふぶきのサヨナラ公演だった。当時の雪組には花總まりと星奈優里という二大娘役が在籍しており、花總はもちろんだが、二番手娘役の星奈が演じる法院長夫人の役も大きく、男役至上主義の宝塚のなかにあって、異色な作品。大劇場公演では幕があいてすぐの銀橋での主役ふたりの掛け合いが最高にカッコいいが、残念ながら中日劇場や全国ツアーの会場に銀橋はないことが多く、そこが惜しい。

鴨川清作

【かもがわせいさく】

元劇団所属の演出家。1954年入団。奇想天外の作風で"ショーの神様"とまで称された希代のショー作家。代表作に『ジャンゴ』('67／雪)、『ノバ・ボサ・ノバ』('71／星)、『ラ・ラ・ファンタシーク』('73／星)等。2013年『Amour de 99 !! ―99年の愛―』(宙)では、ムッシュ・ヌーヴォーテとして紹介。しかし、残念ながら、"ヌーヴォーテ"="斬新"とわかったファンがどれくらいいたことだろうか。

ガラスの馬車

【がらすのばしゃ】

1975年の再演『ベルサイユのばら』(花)にて初登場、天国で白軍服の美しいアンドレが待っていることを表したシーン。これぞ最大のカタルシス。2013年の月組版では、このガラスの馬車がとうとう空を飛んだ。

華麗なる千拍子

【かれいなるせんびょうし】

高木史朗作のグランド・ショーであり、宝塚のショーにおける金字塔である。1960年に星組が上演、芸術祭賞を受賞した。幕開きは「華麗なる千拍子（歌の翼に乗り）」から「おいらはヴァガボ〜ンド♪」でおなじみの『幸福を売る男』とつなぐ華やかなパレードで、世界を巡る構成になっている。1961年、1962年と再演、以降しばらく再演はなかったが、1999〜2000年に『華麗なる千拍子'99』(雪)、2002年に『華麗なる千拍子2002』(雪)（全国ツアー公演、内容は『華麗なる千拍子'99』に準じる）として再演。

カレンダー

【かれんだー】

毎年8〜9月に翌年のカレンダーに掲載される生徒及び掲載月が発表され、出世の度合いがわかったり、掲載月から退団が類推されたりと、ファンがざわつき始める。トップスターは卒業後の月には掲載されず、また大劇場

公演に合わせての掲載になるので、ある程度人事が読める（ような気がする）。贔屓の掲載月が後ろにあればあるほど、ホッと一安心。とはいえ、過去のスターの中には11月に掲載されているのに8月に卒業してしまったという例もあるので気が抜けない。現在、発売されているものに以下がある。

『宝塚スターカレンダー』
現役トップ・娘役トップ・二番手スターが選出。このカレンダーに載ることで、ほぼトップスターへの切符が手に入るとあって、誰が載るのか興味津々。娘役は複数名で載ることが多いため、一人でひと月を使うようになると大物感が漂う。

『宝塚卓上カレンダー』
若手を中心とした卓上カレンダー。A面とB面（表と裏）がある。昨今は一人写りと複数人写りがあり、そこでもファンはやきもき。

『宝塚ステージカレンダー』
舞台の姿が掲載されたカレンダー。表面と裏面、そして表紙（こちらも表面と裏面）があるので、計26人掲載。宝塚スターカレンダーより掲載へのハードルは低い。

『宝塚パーソナルカレンダー』
男役トップスターと二番手スターのみ（もちろん、轟悠も）発売される、その人だけのカレンダー。ステージ上の勇姿とオフバージョ

パパラギ　　　ミリオン・ドリームズ　　コート・ダジュール　　ジャンプ・オリエント！　　火の鳥
（'93／星）　　　（'93／月）　　　　　　（'93／雪）　　　　　　（'94／星）　　　　　　（'94／花）

ンが半々くらいで掲載される。

『宝塚パーソナル卓上カレンダー』
轟悠＆男役トップスターのみ発売。

『宝塚ポスターカレンダー』
中堅スターのカレンダー。表面と裏面で6ヶ月ごとになっている。

残念ながらどれもカレンダーとしての使い勝手はあまりよくなく、用途は明らかに"ポスター"である。実際、1年中最贔の月が飾られていて、カレンダーとしての用途を満たしていない場合が多い。

変わり燕尾

【かわりえんび】

燕尾服は男役の代表的衣装だが、これに少しアレンジを加えたものが変わり燕尾。黒燕尾や白燕尾の素敵さはいうまでもないが、生徒の個性とうまくハマったときの変わり燕尾は強烈な印象を残す。黒い燕尾からちらっと青い裾がのぞく『タカラヅカ・ドリームキングダム』（'04／雪）、アシンメトリーな裾が和央ようかのスタイルのよさを際立たせた『ネオ・ヴォヤージュ』（'05／宙）、『ワンダーランド』（'05／雪）のトランプ燕尾など。お衣装部に眠る変わり燕尾をずらりと並べるコレクションをどこかの博物館でやってはくれないだろうか。

TAKARAZUKA・オーレ！
（'94／月）

ハイパー・ステージ！
（'94／花）

サジタリウス
（'94／雪）

メガ・ヴィジョン
（'95／花）

国境のない地図
（'95／星）

カンカン拍手

【かんかんはくしゅ】

うるさいほど大きな拍手。爆竹拍手とも呼ばれる。贔屓が登場したときなどに会のメンバーが中心となって起こしていたが、近年は減ったように思われる。

カーテン芝居

【かーてんしばい】

場面展開の都合上、カーテン幕前で行われる芝居のこと。『ベルサイユのばら』（'74／月）でおなじみ。全国ツアー公演など、セット転換の音が響く中でカーテン芝居が行われることもあり、その音のほうが気になってしまうことも。そう思うと本公演のセット転換の静かさに改めて感服。

ガード

【がーど】

会服を身につけた会の会員が生徒の入り待ち、出待ちをすること。突進してくるファンから"ガード"することがそもそもの目的だった。会服を着用する、生徒が通るときは（贔屓の生徒以外でも）座る、他の会とも合わせて全体に解散がかかるまで抜けることができないなど、厳しい条件がある。ガードの人数は生徒の人気のバロメーターにもなっている。根底に流れる"会える喜び"のもと、贔屓のた

めなら雨が降っても槍が降ってもである。

きじ羽根

【きじばね】

フィナーレの背負い羽根などで使用されている羽根。スラっと細長く縞々のような模様が入っている。主に茶色だが青、赤、黒など色のついたものもある。トップスターから着けても2～3番手や娘役トップくらいまで。この羽根がわっさわっさ出ていると豪華さが増す。サンリオピューロランドの舞台でもキティちゃんがきじ羽根の入った背負い羽根で大階段を降りてくるが、それくらい、背負い羽根には欠かせない羽根なのかもしれない。

こんな使い方もあります。

絆、絆

【きずな、きずな】

雪組の舞台挨拶の際の恒例ポーズ。「絆、絆」と唱和しながら脇に置いたこぶしを2度引き寄せる。早霧せいなの好きな言葉「絆」をもとに、お客様との絆や組子との絆を大切にしたいという意味を込め、トップレお披露目公演『伯爵令嬢』（'14／雪）初日の舞台挨拶から始まった。客席と舞台が一丸となって行う。千秋楽では、両手を脇に据えるため退団者は一度一つにした花を再度バラさなければならず、多少の「ありゃりゃ」感がある。『ローマの休日』（'16／雪）では「みなさんお待ちかねの……」でこれが来たかと思いきや、公演にちなみ「ベスパ、ベスパで！」と

予想の斜め上を行く提案に爆笑。そんなバリエーションも飛ばせるほどに定着している雪組の恒例行事である。

喜多弘

【きたひろし】

振付家。1962年よりフリーの振付助手として携わる。1967年より劇団専属となり、1年間のブロードウェイ留学を経て1968年『ヤング・メイト』（星）で振付家デビュー。『ベルサイユのばら』（'74／月）のタンゴ、『風と共に去りぬ』（'77／月）のナイトアンドデイなど、独特の振付はクセになりまた見たくなる。愛あればこその厳しい先生として有名で、シンバルを吊るしバチで叩いてカウントを取っていた（ちなみに弟子の羽山紀代美はカウントに太鼓を使っていた時期がある）。筋肉痛で足が上がらなくてもこのシンバルを聞くとなぜか上がる"魔法のシンバル"であった。

木村信司

【きむらしんじ】

劇団所属の演出家。1988年入団。愛称「キムシン」。1993年大劇場作品『扉のこちら』（月）でデビュー。2003年『王家に捧ぐ歌』（星）が芸術祭演劇部門優秀賞受賞。『暁のローマ』（'06／月）における「カエサルは偉い！」を繰り返す歌詞や、『王家に捧ぐ歌』（'03／星）の「スゴイ！」と「強い！」を組み合わせた「スゴツヨ」など想像以上に真正面の歌詞に度肝を抜かれる。が、帰り道には口ずさんでいる自分がいる。恐るべし、キムシンマジック。坊主頭に丸眼鏡がトレードマークで、「先生はどこからが洗顔で、どこからが洗髪なのかな？ってずっと気になっていたの」という瀬奈じゅんの名言を生んだ。シャンプーを使っていると聞いた春野寿美礼の「泡立つんですか？　どれくらい泡立つんですか？」という名言もある。

客席降り

【きゃくせきおり】

客席にタカラジェンヌが降りてくる演出。近年多くの公演で客席降りがあり、演目によってはハイタッチあり！　そのポジションは瞬く間にSNSで拡散され、最屓の近くの席をどうにかこうにか手に入れて再び足を運ぶのである。キレイなお化粧や豪華なお衣装も間近で見れて臨場感たっぷり。以前、A席だった東京1階の通路後ろ3列がS席に格上げされた際はガッカリしたが、その境い目の通路に客席降りが多くなり、格上げも少し納得。『るろうに剣心』（'16／雪）では御庭番衆がこの席の前でポーズを決めたなんともプレミアな席だった（ちなみに、ムラの立ち見は1階最後列から。ここも御庭番衆好きでにぎわった）。柚希礼音のサヨナラ公演『Dear

『DIAMOND !!』('15／星)では2階席に柚希が現れるという演出が！　客席降りでは置いてけぼりになりがちな2階席もあなどれなくなってきている。

キャトルレーヴ

【きゃとるれーぐ】

宝塚のグッズを販売している公式のショップ。DVDや雑誌、各種写真、オリジナルグッズなどが揃う。各組のロゴや各トップスターがデザイン監修したグッズ、ステーショナリーは、ここでしか手に入らない。フランス語で「quatre reves」と書き、4つの夢という意味である。宙組ができて5つの夢ではという疑問はさておき。お金で買える夢もある。家を掃除していると、ここの紫色の袋があちこちから出てきて愕然とする。

脅威のウエスト50センチ

【きょういのうえすとごじゅっせんち】

『エリザベート』('96／雪)での歌詞の一部。エリザベートがウエスト50センチをキープしていたという事実を、皇室のニュースにはうんざりな民衆がカフェで歌っている。もちろん50センチはすごいが、彼女の身長が172センチと聞けばますます脅威的な細さ。エリザベートを演じた白羽ゆりも現役時代のウエストは51センチであったと退団後に公表。ファンの頭にこの歌がよぎったことは間違いない。

清く正しく美しく

【きよくただしくうつくしく】

創設者・小林一三の遺訓であり、劇団及び音楽学校のモットー。1974年の60周年には同名の祝舞としても上演された。舞台人である前に人としてどうあるべきかという心のあり方を示している。この3語が残っているが、実は頭には「朗らかに」がつく。

霧矢大夢

【きりやひろむ】

1994年首席入団。80期生。愛称「きりやん」「いとーちゃん」。花組に配属。1996年、研3で『ハウ・トゥー・サクシード』の新人公演主演に抜擢、役名のフィンチはのちに愛犬の名前となる。1997年月組に組替え。汐美真帆・大空祐飛・大和悠河と共にシューマッハとしても人気に。2009年月組トップスターに就任。相手役は蒼乃夕妃。2010年『THE SCARLET PIMPERNEL』で大劇場お披露目。2012年『エドワード8世／Misty Station』で蒼乃と同時退団。歌、演技、踊り、アドリブ、トーク、何をやってもうまかったが、コミカルな

演技は特にうまく、大阪出身のイメージ通り、間やテンポは絶妙だった。さすが岸和田だんじり魂。

銀橋

【ぎんきょう】

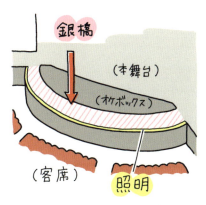

宝塚大劇場と東京宝塚劇場のオケボックスと客席の間にあり、上手と下手をつなぐ橋のような舞台。平均幅1.2m。1931年の『ローズ・パリ』（雪）で白井鐵造が初めて使用したといわれている。フランス語「Pont de l'argent（ポン・ダルジャン）」の直訳で、昔はエプロンステージとも呼ばれていた。そのため、100周年式典ではこう呼ぶOGがちらほら。銀橋でソロを歌えるのは限られたスターのみ。初舞台ロケットで初めて渡るが、これには、あとは実力をつけて戻ってきなさいよ！という鼓舞もあるという。1935年には銀橋の真上（舞台装置の上あたり）に「金橋」なるものも作られた。目線は3階席と同じ高さだったが、その後の改装を機になくなった。客席に最も近く華やかな舞台にして劇団推しの生徒が誰なのかがありありとわかってしまうシビアな橋である。

筋肉

【きんにく】

ダンスで鍛え上げられた肉体美。筋肉をこよなく愛するファンも多い。カリカリに痩せた

"筋"ではなく、女性らしい柔らかい肉の奥に細く締まった"筋肉"を観たい、という点がポイント。娘役の背中の大きくあいた衣装からは背筋を、セパレートの衣装ではしなやかな腹筋を拝むことができる。男役は何といっても腕が見どころ。腕まくりからのぞくひじ下の筋肉などは男らしくてそそられる。柚希礼音が『REON!! II』（'13／星）の女装で見せた背筋は極上だった。

草野旦

【くさのあきら】

劇団所属の演出家。主にショーの演出を手掛ける。1966年入団。愛称「JFK（Giant Face Kusano）」。1971年『ハレルヤ』（月）で演出家デビュー。1977年『ザ・レビュー』（雪／花）第3部夢人が文化庁芸術祭優秀賞を受賞。1996年劇団理事に就任。2000年『源氏物語あさきゆめみし』（花）で大劇場の芝居の脚本・演出デビュー。代表作1983年『オペラ・トロピカル』（花）や1997年『サザンクロス・レビュー』（花）に見られるオリエンタルでエネルギッシュ、そしてエキゾチックなショーで独自の世界を築いた。衣装やセットが派手でカラフルなのが特徴で、「画家志望だったが美大入りが叶わずこの道を見つけたとき、舞台が大きなキャンバスに見え、ここで絵が描けると思った」と語っているのもうなづける。先生が描きたかった絵が何となく想像できるようである。

旦といえば草野かスターか

か

くすのき

【くすのき】

宝塚劇場の中にある和風レストラン。各公演において、トップスター、トップ娘役の出身地の名物料理が入った公演特別メニュー幕の内「すみれ」もお目見えする。『るろうに剣心』（'16／雪）では公演に出てくる「赤べこの牛鍋」も特別メニューとして登場し、ファンの期待に応えた。

赤べこの牛鍋

久世星佳

【くぜせいか】

1983年入団。69期生。愛称「ノンちゃん」。月組に配属。1995年、当時は異例の下級生である天海祐希の後を受けて、月組トップスターに就任。相手役は風花舞。1996年『CAN-CAN』で大劇場お披露目。1997年『バロンの末裔／グランド・ベル・フォリー』で退団。渋く男臭い雰囲気と抜群の演技力が持ち味。演出家正塚晴彦と名コンビといわれ、『BLUFF』（'90）や『WANTED』（'94）など数々の名舞台を作った。バウ公演『銀ちゃんの恋』（'96）では、『蒲田行進曲』の銀ちゃんを「宝塚でやるなんて！」と皆を驚かせたが、見事に演じた。

組

【くみ】

宝塚は5組（花組・月組・雪組・星組・宙組）と専科に分かれており、各組ごとに公演を行う。各組の項目を参照のこと。

組替え

【くみがえ】

いわゆる人事異動。所属する組が変わる。贔屓を見ているとだんだん贔屓の所属する組全体が好きになるもの。組子全員が大好きなので「組替えのお知らせ」は「退団者のお知らせ」に次いで衝撃をもたらす。贔屓と一緒に観ていたお気に入りのあの子やこの子と遠ざかってしまうからである。路線ファンは皆「できれば生え抜きで……」と願っているものだが、新天地で花開く生徒も多く、また、組替え＝出世への道となっていることもあり複雑である。

ラ・カンタータ！
（'94／星）

組カラー／組の伝統

【くみからー／くみのでんとう】

組の伝統だけではなく、そのときのトップスターによって、組のイメージ＝組カラーが変わっていく。各組の項目を参照のこと。

組子

【くみこ】

組のメンバーのこと。学生の頃、クラスメイトのことをうっかり「組子」と呼んでしまうファンはいなかっただろうか。

組長・副組長

【くみちょう・ふくくみちょう】

各組在団年数が長い生徒の中から、舞台経験が豊かで、リーダーの素質がある生徒が選ばれる。舞台の初日・千秋楽、退団者がいるときのスピーチなどが表立った仕事だが、他にも組子のケアや指導、演技や小道具、衣装の確認まで行う。

組配属

【くみはいぞく】

研1生が初舞台の後すぐ、もしくは組まわりを経て各組に配属されること。名前に好きな組や配属されたい組を入れると叶いやすいともいわれていたが、果たして。生徒が希望を出すことはなく、会社員と一緒で辞令を受け取るという。

組本

【くみほん】

阪急コミュニケーションズが発行する公式ムックで、正式名称は『ザ・タカラヅカ』。2016年現在各組6巻まで出ている。撮り下ろしの写真をメインに対談や特集が組まれている。内容は組ごとに違い、下級生に至るまでばっちり掲載されていて組の様子がよくわかる。リレーでつなぐ質問コーナーや、組子が選ぶ○○な人というページもあり、普段の様子が垣間見える。どんな写真を載せたら、またどんな特集をしたらファンが喜ぶか、あちら側は全てお見通しなのだ。

バロック千一夜
('95／雪)

EXOTICA!
('95／月)

ダンディズム！
('95／花)

ME AND MY GIRL
('95／月)

ジュビレーション！
('95／星)

組まわり

【くみまわり】

研1生が初舞台の後の公演から班に分けられ各組の本公演に出演すること。このあと組配属が行われる。年によっては、組まわりがないまま組配属になることもある。

グランドホテル

【ぐらんどほてる】

1989年初演のブロードウェイ・ミュージカル。宝塚では1993年月組にてブロードウェイ版と同じトミー・チューン演出で上演された。著作権が厳しく、長らく幻の作品だったが、2017年月組で再演。初演と再演でトップコンビの役が異なっている。

紅5

【くれないふぁいぶ】

2007年星組で結成されたユニット。メンバーは紅ゆずる（赤）を中心に、美弥るりか（黒）、壱城あずさ（青）、如月蓮（黄）、天寿光希（緑）。AQUA5に影響されて結成したが劇団の公式な結成であるあちらと違い、「紅5ってよくない？」とウォーミングアップの盛り上がりから趣味的に始まった。メンバーの色を決めたり、『Brilliant Dreams + NEXT』で作成したオープニングの映像が素敵だったりとファンのツボをつく。自己プロデュース能力の高さを見せつけられる、いい意味で宝塚くさく、いい意味で宝塚くさくないユニットである。2016年紅ゆずるディナーショーで、月組に組替えになっていた美弥るりかも参加して久しぶりに5人そろっての活動を見ることができた（物理的に無理な宝塚ホテルでは等身大パネルで参加）。

紅ゆずる

【くれないゆずる】

2002年入団。88期生。愛称は「さゆみ」「さゆちゃん」「ゆずるん」「ベに子」。星組に配属。2007年紅5結成。2016年星組トップスターに就任。相手役は綺咲愛里。2017年新人公演主演をした『THE SCARLET PIMPERNEL』で大劇場お披露目。それまで役らしい役につくこともなく、セリフらしいセリフもなかったが、2008年『THE SCARLET PIMPERNEL』で突如新人公演主演に大抜擢。最後の新人公演だった。このチャンスをものにして堂々と演じ上げ「とにかく楽しかった！」と話す肝の座りっぷり。それ以降は駆け上がるように大躍進。舞台では王道のイケメンから敵役、コメディーと幅広く魅せ、オフでは大阪出身らしくあけっぴろげで旺盛なサービス精神でファンを虜にし続ける。

黒燕尾

【くろえんび】

黒の燕尾服。男性の夜間の礼装であり、裾が燕のしっぽのようなのでこう呼ばれている。宝塚では男役を象徴する衣装の一つ。もはや男役の制服といっても過言ではなく、これが着こなせてこそ一人前の男役だといわれている。上級生になればなるほど、上着やズボンの丈から袖丈、ベストの見え方までミリ単位でこだわるという（その調整をするお衣装部…すごい）。礼装ゆえに髪型もビシッ！　とリーゼント。黒燕尾での紳士の群舞は最強である。なお、トップに限り、卒業時の階段降りでの黒燕尾着用が認められている。

黒木瞳

【くろきひとみ】

1981年入団。67期生。愛称「ショーコ」。月組に配属。1982年『情熱のバルセロナ』より月組トップ娘役に就任。宝塚音楽学校時代から将来を嘱望された逸材であり、研2でのトップ娘役就任は異例の速さ。相手役は大地真央。1985年『二都物語／ヒート・ウエーブ』にて大地と同時退団。

黒塗り

【くろぬり】

肌の色を黒っぽく塗ること。主にラテン系のショーや南国を背景にした作品に多い。『ノバ・ボサ・ノバ』（'71／星）、『CONGA!!』（'12／花）など。『王家に捧ぐ歌』（'15）が久しぶりの黒塗りだった宙組は、星組時代黒塗りの多かった真風涼帆が、黒塗り講座を開いて組子に使う色や道具を教えたとか。

群舞

【ぐんぶ】

大勢で踊ること。キレイに揃った群舞は美しく、ため息しか出ない。とりわけ、大階段での男役の群舞は何しろカッコよい。ドレス姿の娘役の群舞の後ろ、大階段をしずしずと降

りてくる男役たちが登場すると、高揚感に胸が高なる。なお、群舞で大切なのは立ち位置だという。立ち位置は数字で決められており（トップが立つのはゼロ番など）、踊っているときのタカラジェンヌは、次の立ち位置を考えて数字で頭がいっぱいらしい。

軍服

【ぐんぷく】

軍人が着用している制服で宝塚の舞台でもヨーロッパ物には欠かせない衣装。国や年代によっても違いがありどれも捨てがたく、好みが分かれる。たとえば、ベルばらだけでもフランスの衛兵隊の軍服、近衛隊の軍服、マリー・アントワネットも大好きなスウェーデンの龍騎隊の軍服、平民なのになぜか豪華なアンドレの軍服、飾りいっぱいのオスカルの軍服（水色、白、赤 etc. オスカルは衣装持ち）など、多種多様である。

敬語

【けいご】

舞台挨拶の中継や『NOW ON STAGE』など、スカイステージの登場によりトークを見る機会が昔より格段に増えた。そこで気になるのがおかしな敬語。「おっしゃっていただきました」「お教えいただいて……」など、先輩OGや演出家を敬わなければいけないと思うあまり二重敬語は日常茶飯事。でも伝わっています、その緊張と一生懸命さと敬おうという気持ち！　ファイト！　敬語！

芸名

【げいめい】

生徒が劇団で名乗る名前。本科生の夏に希望の名前を提出し、劇団のチェックを経て戻しや再提出があれば行い、11月頃には全員の芸名が決まる。かぶる場合もあるので、最初に名前を決める順番をくじ引きする。本名の

名字や現役の生徒と同じ芸名は不可。一見地味な本名っぽいものも芸名である。昔は百人一首を元に考えられることも多かったが現在はほとんど聞かない。キラキラネームの流行により、宝塚の芸名もずいぶん普通に聞こえるようになった。自分の名を決めているファン（受験生ではなく大人）も多い。

激情　ホセとカルメン
【げきじょう　ほせとかるめん】

プロスペル・メリメ原作の『カルメン』をミュージカル化。柴田侑宏脚本、謝玉栄演出。初演は1999年の宙組。夫がいながら、ドン・ホセと恋に走るカルメン。カルメンに溺れ、堕ちていくホセ。ホセに夫のガルシアのことを聞かれたカルメンの「(亭主がいるのは)仕方がないだろ、向こうと先に会ったんだから」というセリフは、すみれコードをぶっ飛ばす。女をとっかえひっかえの主役はいるが、これだけいろいろな男と絡むのは宝塚作品として珍しい。

劇団レッスン
【げきだんれっすん】

歌劇団の生徒であれば誰もが受けられるレッスン。さまざまな種類のレッスンが開かれ、希望したものは学年、組関係なく皆一緒に受ける。劇団レッスンへ出席するかどうかは個々に任されているが、下級生は出席率が悪いと注意を受けることもある。また、多く出席すると、年度賞で奨励賞や努力賞といったご褒美がもらえることも。演出家も新人研修の一環として受けさせられるという。

化粧前
【けしょうまえ】

棚や引き出しがついた鏡台。また、その鏡台を飾る布製品の総称。楽屋で自分に与えられているスペースである。下掛け（鏡台を汚さないように化粧品類の下に敷くもの）、上掛け（帰るときに上に掛けるもの。ホコリよ

け)、ティッシュカバー、座布団カバーなど、演目等に合わせて生徒の希望を聞き、毎公演ファンや下級生などが作る。レースにリボン、花に刺繍ととにかく豪華！　スリッパを化粧前同様にデコることもある。退団一週間前には同期生の手ですべてが白くデコレーションされる。

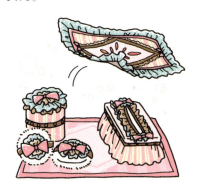

研究生
【けんきゅうせい】

音楽学校を卒業し劇団に入団すると"研究科に配属"という扱いになり、研究生となる。一年目は研究科1年生、略して「研1」。翌年は「研2」となる。専科には研40以上もいる。もちろん、彼女たちも生徒である。

源氏物語
【げんじものがたり】

1919年の『源氏物語　賢木の巻』を皮切りに、何度も上演されている日本物の代表作。田辺聖子原作の『新源氏物語』を元にした柴田侑宏脚本・演出の『新源氏物語』（'81／月)や大和和紀の漫画を原作とした草野旦脚本・演出の『源氏物語　あさきゆめみし』（'00／花）などがある。華麗なる平安絵巻が繰り広げられる中、楽しみなのは六条の御息所の配役。生霊となって、光源氏の正妻・葵の上を呪い殺す六条。専科のお姉様から新進気鋭の男役スターまで配役はいろいろで、皆なかなかに強烈である。

小池修一郎

【こいけしゅういちろう】

劇団所属の演出家。1977年入団。愛称「イケコ」。1989年『天使の微笑・悪魔の涙』（月）で大劇場デビュー。1991年『華麗なるギャッツビー』（雪）で第17回菊田一夫演劇賞を受賞。その後も受賞の嵐。1996年『エリザベート』（雪）の初演を担当し、今一番チケットが取れない演目にまで押し上げた。2008年『THE SCARLET PIMPERNEL』（星）、2010年『ロミオとジュリエット』（星）、2015年『1789―バスティーユの恋人たち―』（月）など、海外ミュージカルの潤色はさすがのひと言！ 2012年『銀河英雄伝説@TAKARAZUKA』（宙）、2016年『るろうに剣心』（雪）と一本物も続き、さらに東宝版や韓国版にも携わるなど、とにかく忙しい。なお、小池修一郎といえば生徒がするものまねも有名。お茶会などで披露されることも。

公演デザート

【こうえんでざーと】

宝塚の喫茶「ラウンジ」や、レストラン「フェリエ」、東京宝塚劇場の喫茶・ラウンジ「café de Repos」などでは、公演ごとに演目にちなんだデザートが販売されている。特に、「café de Repos」がダジャレのネーミングのデザートを販売して大ヒット。

『パッショネイト宝塚』
→ハッ！ソレ食べネイト宝塚！
『ルパン― ARSÈNE LUPIN ―』
→ルパンナコッタ。
『ロマンス』
→マロンッス。

公演ブルーレイ・DVD・CD

【こうえんぶるーれい・でぃーぶいでぃー・しーでぃー】

公演を収録した各種メディア。以前はもちろんVHSビデオ。舞台の感動を家庭でも！ということで、基本的に大劇場公演が収録され東京公演中に発売されるため、楽後のロスにスポッ！ と対応してくれる。発売されるまでは、楽曲の割愛がないことと、あのシーンの後ろのほうで超イイ顔してた下級生がちゃんと映っていることを祈る日々。

マ・ベル・エトワール
('95／雪)

ハイペリオン
('96／花)

エリザベート
('96／雪、星)

マンハッタン不夜城
('96／月)

パッション・ブルー
('96／星)

公休日

【こうきゅうび】

公演期間中及びお稽古中も基本的に水曜日が公休日。ただし、東京宝塚劇場の休演日は月曜日。例外的に外部の先生のレッスンなどは、先生の都合でスケジュールを組むので水曜日に行われることもある。外部メディアへの出演、取材などを水曜に行うことも多い。はて、外部への露出が多いトップクラスはいつお休みされているのだろうか……。

公式

【こうしき】

本家本元宝塚歌劇団が発信するもの。公式ホームページはもちろん、スカイステージ、『歌劇』、『宝塚GRAPH』などが公式。グッズはもちろんキャトル発売のものが公式グッズ。「公式出たよ」は、「公式（サイト）に発表出たよ」という意味で使われる。

口上

【こうじょう】

宝塚では初舞台生が開演に先立って舞台上で挨拶する初舞台生口上の意味で使われることがほとんど。1947年より続けられている。黒の紋付に緑の袴、舞台上の「清く正しく美しく」の文字を背負い、組長からの紹介の後、代表（公演ごと交替）の2〜3人が挨拶するのが基本的なスタイル。大劇場ロビーに初舞台生の写真と名前が貼られており、その日の披露口上の担当者には赤い花の印がつけられている。

香寿たつき

【こうじゅたつき】

1986年入団。72期生。愛称「タータン」。花組に配属。1991年雪組、1996年花組、さらに雪組に組替え。2000年新専科制度で専科に異動。2001年星組に組替え、トップスタ

La Jeunesse!
('96／雪)

ーに就任。相手役は渚あき。東京宝塚劇場は2001年『花の業平』、宝塚大劇場は2002年に『プラハの春』でお披露目。2003年『ガラスの風景／バビロン』で渚と同時退団。歌、演技、芝居、すべてができる男。黒目が見えないほどの鋭い目を光らせ、低く幅広い歌声が魅力の渋いおじさまだが、オフになるとキャピキャピしてかわいいタータンに変身する。フーバー長官、中臣鎌足、ルパート・ヘンツォ、藤原基経。どれも抜群の悪役であった。

香水

【こうすい】

香りを楽しむ化粧品にして衣装の一つ。いつも身にまとい、役ごとに香りを変える生徒もいる。神席や客席降りで近くを通ったときやお茶会で握手をしたときなどの、フワッと振りまかれるいい香りにまた心を奪われる。みんながそれぞれの香水をつけて、お化粧の香りもいっぱいするはずの楽屋の大部屋は果たしてどんな香りになっているのだろう。

甲にしき

【こうにしき】

1960年入団。46期生。愛称「コウちゃん」。花組に配属。1970年花組主演男役に就任。相手役は竹生沙由里、上原まり。同期の上月晃（星）、古城都（月）と共に「3K」と呼ばれ人気を博した。1974年退団。現在は東京宝塚劇場の支配人としてロビーに立つ（2016年12月現在）。その上品な佇まいはさすが元トップ！である。

香盤表

【こうばんひょう】

公演の出演者の役名や出演場面が記された表。通常は稽古初日に貼り出される。出演者はこのとき初めて自分の役や出番を知る。

こけら落とし

【こけらおとし】

新しく建てられた劇場での初めての興行。「こけら」は木材を削ったときに出る木くずのことで、工事の最後に屋根などの「こけら」を払い落としたことから、完成後初めての興行をこう言うようになった。宝塚両劇場のこけら落とし公演は以下の通り。

旧宝塚大劇場：1924年『カチカチ山』など5本立て（花・月合同）
新宝塚大劇場：1993年『宝寿頌／PARFUM DE PARIS』（星）
旧東京宝塚劇場：1934年『宝三番叟』『紅梅殿』『花詩集』（月）
新東京宝塚劇場：2001年『いますみれ花咲く／愛のソナタ』（月）

越路吹雪

【こしじふぶき】

1937年入団。27期生。愛称「コーちゃん」「コッシー」。戦中戦後の混乱のなか、越路はずっと花組のスターであり続け、1946年再開した宝塚大劇場公演2作目では主演を務めた。1950年『春のおどり』にて退団。ささやくように歌う越路吹雪のシャンソンはまさに大人の女。たばこが似合う。

コスチューム物

【こすちゅーむもの】

洋物などの歴史物で、軍服や剣の装備、豪華絢爛な「わっかのドレス」などの衣装を着たお芝居のこと。本物以上に本物な衣装は宝塚歌劇の見どころのひとつ。

児玉明子

【こだまあきこ】

元劇団所属の演出家。1997年入団。愛称「こだまっち」。1998年バウ公演『Endless Love』（花）で演出家デビュー。2007年『シークレット・ハンター』（星）で大劇場デビュー。2011年バウ『メイちゃんの執事』（星）を演出し話題になる。2013年退団。『メイちゃん～』で目覚めたか、退団後は2.5次元ミュージカルに多く携わっている。

湖月わたる

【こづきわたる】

1989年入団。75期生。愛称「わたるくん」「わたるさん」「わたさん」。星組に配属。1998年宙組の立ち上げに伴い宙組に組替え。2000年新専科制度で専科に異動。2003年星組トップスターに就任。相手役は檀れい、白羽ゆり。大劇場お披露目の『王家に捧ぐ歌』は芸術祭演劇部門優秀賞を受賞。2006年『愛するには短すぎる／ネオ・ダンディズム！』で退団。174cmの長身で繰り広げられるダンスとザ・男役！な容姿が魅力。『ベルサイユのばら―フェルゼンとマリー・アントワネット編―』（'06／星）では、特別出演した並みいる男役スターをすべて「女」に見せた。

鼓笛隊

【こてきたい】

かつての音楽学校の授業の一つで、生徒が鼓笛隊を組んで宝塚ファミリーランド内をパレードしていた。目的は舞台人として必要なチームワークや機敏な動きを養うこと。鼓笛隊があった時代の卒業生の間では「お掃除場所どこ？」と同じ感覚で、「担当の楽器は何？」という会話がされるという。春野寿美礼は、鳳蘭、高汐巴、日向薫、紫苑ゆうが担当していたシンバルをスターへの登竜門的存在の楽器だと思い込み立候補。その後、春野は花組トップスターとなった。この楽器を保管してあるのが、楽チンお掃除場所として有名な"楽器庫"である。

コドモアテネ

【こどもあてね】

正式名称は宝塚コドモアテネ。宝塚音楽学校系列のスクール。小学4年生から中学2年生までの女子が対象で、声楽、バレエ、日舞を習う。タカラジェンヌにはこのスクール出身の生徒も多いが、優先的に入学できるわけではない。

琥珀色の雨にぬれて

【こはくいろのあめにぬれて】

1920年代のフランスを舞台に、妖艶な美女と清楚な婚約者の間を揺れ動く青年貴族の物語。柴田侑宏脚本・演出。1984年花組にて初演。その後、全国ツアーも含めて4回再演されている。「琥珀色の雨が降る」といわれるイタリアのマジョレ湖は、宝塚ファンなら一度は行ってみたい場所である。所在地はヨーロッパ項目を参照のこと。

小林一三

【こばやしいちぞう】

宝塚歌劇団の創設者。劇団だけでなく、阪急電鉄・阪急百貨店・東宝をはじめとする現・阪急阪神東宝グループの創業者。雅号は逸翁。大阪府池田市には小林一三記念館がある。キャトルレーヴ日比谷シャンテ店には、学習漫画の小林一三の伝記が置かれており、立ち読み用がボロボロになっている。ドラマが放映されたときも注目度が高く、ファンの彼への関心が強いことがよくわかる。

小柳奈穂子

【こやなぎなおこ】

1998年嘱託の演出助手を経て1999年入団。2002年バウ公演『SLAPSTICK』(月)で演出家デビュー。2011年『めぐり会いは再び』(星)で、大劇場デビュー。乙女ゲームにハマって、そこから『めぐり会いは再び』を発想したり、2011年『アリスの恋人』(月)では愛希れいかに「プリキュアを参考にして」と言ったりと、萌えのわかるオタク演出家である。他に2013年『Shall we ダンス？』(雪)、2015年『ルパン三世―王妃の首飾りを追え！―』(雪)など。

今宵一夜

【こよいひとよ】

『ベルサイユのばら』のオスカルとアンドレ、ふたりのラブシーン。初演の演出家である長谷川一夫から伝授された「型」を21世紀の今も受け継ぐ。あの姿勢は背中や腰にかなりの負担がかかる。型に多少の変更はあるものの、まさに様式美である。

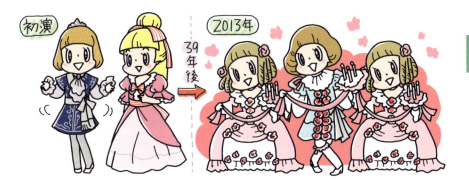

か

ごらんなさい

【ごらんなさい】

『ベルサイユのばら』('74／月）ソング。初演から歌われ続けている。漫画の世界観そのままの舞台に、これまた世界観そのままの衣装に身を包んだ小公子と小公女。彼女たちがかわいく歌い始めると「ベルばらを観に来たな〜」という実感がわいてくる。公演ごとに歌詞が異なるのも聞きどころ。また、小公子と小公女からのトップスター出現率も結構高いので注目。

CONGA（コンガ）!!

【こんが】

藤井大介作・演出。2012年花組で上演されたショー。ラテンの世界をテーマに、主演蘭寿とむの男っぽさや大人の色気をこれでもか！と見せつけてくれる、黒塗りノリノリオラ系のパッショネイトなショー。「蘭寿×ラテン」という最高の組み合わせをめいっぱい堪能できる彼女の代表作である。「フッ！」もあれば「ハァッ！」「ツァ〜イ!!」まで掛け声を掛けまくり、蘭寿節が炸裂する。何より群舞の量が多い。肉を差し入れしたくなるほど踊りっぱなしである。ラテンのショーにして「ダンスの花組健在！」と思わせられる作品。

ゴールデンコンビ

【ごーるでんこんび】

宝塚の歴史に残る人気のコンビ。当時としては現代的な大地真央×黒木瞳、大型コンビ麻実れい×遥くらら、等身バランスが素晴らしい「タカハナ」こと和央ようか×花總まり、100周年を彩った「ちえねね」こと柚希礼音×夢咲ねねなど。それぞれのゴールデンコンビがいて、みんな違って、みんないい。

SPECIAL INTERVIEW

「私はファンの方の夢の中にいる そんなスターになりたかった」

涼紫央（元星組スター）

――涼さんは、宝塚の大ファンで夢を叶えたとお聞きしましたが、男役として初舞台を踏んだ感想はいかがでしたか？

「男役としては決して背が高いほうではなかったんですが、もっと小さかったとしても、どんな役でもいいから男役がやりたい、と思っていました。憧れの男役になれましたが、初舞台当時は日々目の前のやるべきことに精一杯で、正直あまり覚えていないんです。舞台上のことはもちろん、裏側でも下級生としての仕事があり、感動を噛みしめる余裕がありませんでしたね」

――紫苑ゆうさんの大ファンだったとお聞きしたことがありますが、紫苑さんは音楽学校で講師をされてますよね？

「ちょうど私の期が予科だったとき、退団されて。退団後すぐ音楽学校に見学にいらっしゃったんですが、実は複雑な気持ちだったんですよ。ものすごくファンだっただけに、普段の紫苑さんに近づきたくないというか。男役を辞めて、女性の姿の紫苑さんを見たくない、って。でも、紫苑さんは私のファン心理を壊すこともなく、パンツ姿の、現役当時の姿のままで。演劇の先生でいらしてもスターでしたよ（笑）。紫苑先生の演劇の授業のあと、先生のまわりに集まってお話を伺う時間が少しあったのですが、みんな椅子を片手に少しでもお近くにいこうと、場所取りに必死でした。本当に一世を風靡されたスターさんだと思います」

――涼さんは、ファンの気持ちのわかるスターさんだったと思います。

「生徒になっても、私は最後までかなりファン寄りでしたから（笑）。でもそれでいいんだと思っていました。私はファンの方の夢の世界の中にいる。だから、なるべく生活感を

入り出も楽しませてくれる
ファッショニスタ
正統派を貫いてきた彼女だからこそのイカした脱線が素敵！「私服をコーディネイトして欲しい人」アンケートで1位を獲得するなど組子からの支持も絶大！

見せないよう気をつけていました。スーパーの袋を下げてる姿を見せない、人前でものを食べないなど。稽古場でもそれは同じこと。稽古場にファンの方はいないけれど、私が生徒になっても先輩に憧れていたので、後輩にもそう思ってもらえるような男役でいたい、夢の世界の住人でありたいと私は思っていました」

――特に涼さんファン時代の日向薫さん、紫苑ゆうさん、麻路さきさんが活躍された星組は、夢々しいイメージの組だったように記憶してます。

「私のファン時代の星組といえばコスチュームの星組といわれていました。星組の『ベルサイユのばら』(89、90年)のときも稽古着からしてフリフリだったそうです。その伝統は今も変わらないのではないでしょうか」

——夢の世界の王子様で常にいることは、本来は女性であっても、娘役を可愛いと思う男役心に繋がりますか?

「疑似恋愛的なものは絶対にありますよね。組んでる娘役さんからバレンタインに気持ちを込めてチョコレートもらったりしたのはすごく嬉しかった。可愛いなぁって思いました。これが男役心かもしれません」

——宝塚ファンの方の、生徒さんに対する愛情はどう思われますか?

「下級生時代の私を見つけてくださり、新人公演でいい役がついたと聞けば泣いてくださり。雨の日も風の日も劇場や稽古場の入り出をしてくださって。手紙を書いたり、プレゼントを選んだり、貴重な時間を私のために割いてくださっていると思うと感謝しかないです。身内でもなかなかそこまではできません。だからこそ、退団発表をした日、待っていてくださるファンの方に会うのがすごく辛かったです。ファンの方の気持ちを思うと、なかなか出ていけませんでした。長年、芸名で培ってきた年月は、私だけのものではありません。涼紫央がまた次の一歩を踏み出せるように願い、共に歩いてくださるファンの皆さまですから。簡単に、宝塚を辞めます、だからさようなら、とは言えませんでした」

——宝塚愛の深いスターさんであると認識していたので、涼さんは退団せず、一生タカラジェンヌで生きていくのかも、と思っていたところありました。

「そういう道もあったのかもしれません。でも、私は私の思う涼紫央の頂点で退団したかったのです」

——キラキラ光る王子様のまま退団する、というのが美学だったんですね。

「そうなんです。私より下級生だったちえ(柚希礼音)がトップスターになったとき、男役を頑張るという気持ちから楽しむという気持ちに自然となりました。すると、まわり

ド肝を抜かれたディナーショーポスターはALLセルフプロデュース!

Profile
すずみ・しお/元星組スター、愛称はとよこ、すずみん。1996年、82期生として宝塚歌劇団入団。2003年バウ・ワークショップ『恋天狗』で初主演。2012年バウ・東京青年館公演『天使のはしご』で主演。同年退団。

の方々に評価されることが増え、髪型や服装にまで余裕と遊び心が生まれて、ますます楽しくなってきたんですよ。そのことに気づいたとき、達成感みたいなものが芽生え、"次の私の夢は何だろう?"と考えるようになりました」

——現在はご結婚されてお嬢さんがいらっしゃるそうですが、タカラジェンヌになってほしいですか?

「本人の意志にもよりますが……。私の望みとしては100%宝塚に入ってもらいたいです(笑)」

73

さ行

【 さ行の言葉 】

サイカ／サヨナラの会服／ジェンヌ／シケ／シャンシャン／修学旅行／集合日／女装／スターブーツ／ステファン／すみれ売り／すみれコード／生徒監のお父ちゃん／セ・マニフィーク／千秋楽中継／総踊り etc.

最悪の事態に陥ってしまったんだ

【さいあくのじたいにおちいってしまったんだ】

『エリザベート』('96／雪)の『僕はママの鏡だから』の歌詞の一部。主にルドルフが歌う。権威主義的な父フランツとは異なった考えを持ち、対立したルドルフは、必死に父との仲を取り持ってほしいと母エリザベートに懇願する。でも、息子の必死さに気づかず去っていくエリザベート。心が痛い……。なお、この曲はファンが何かやらかしたときに頭の中で流れる曲の上位にランクインする。自分の中での最悪の事態も国レベルで考えればちっぽけなものかもしれないと考えるキッカケにもなる。

再演

【さいえん】

一度行われた公演を再度上演すること。"再演＝人気の演目の証"ともいえる。同じトップで同じ演目の再演はほとんどなく、組や出演者が変わるのが通常で、台詞や構成などが変化することもある。舞台の時代背景は同じでも、スーツの形など衣装は上演する際の時代の空気が反映されて変化するので、それもまた楽しみである。『PUCK』('92／月)は再演まで22年あいたため、世の中の流行も変化。時代背景に左右されないはずの妖精たちの衣装も現代風にリニューアルされた。どちらもそれぞれの時代の可愛さが出ていた。『王家に捧ぐ歌』('03／星)で湖月わたるが見事に被りこなしたエジプトならではのでかアレ、再演('15／宙)の朝夏まなとも被るのかとソワソワしたものの縮小されていて少し寂しさもあった。

サイカ

【さいか】

最下級生のこと。研1だけではなく、公演に出演する生徒の中で一番下の学年のこと。メンバーによって最下級生の学年は変動する。役替りやTCAスペシャルなど、選抜メンバーの中でのサイカは大抜擢である。サイカで選ばれると裏方的な雑用も増えるが、抜擢されたという事実を思えば何のそのである。フ

プレスティージュ ('96／月)　　プレスティージュ ('96／月)　　グランド・ベル・フォリー ('96／月)　　サザンクロス・レビュー ('97／花) サザンクロス・レビューⅡ ('01／星)　　ゴールデン・デイズ ('97／雪)

ァン同士の飲み会では、一番若い子に「サイカだから注文お願いね」とか、「私、サイカだからやります！」といった会話がよくある。

最後のダンス
【さいごのだんす】

『エリザベート』('96／雪) の歌。シェーンブル宮殿での舞踏会でワルツを踊るシシィの前に現れたトートが黒天使を率いてカッコよく歌う。それまでわりと影からシシィを見守ってきたトートが俺様気質を出し始めるシーン。あまりのカッコよさに、「この時点でシシィはなんでトートのものにならないんだろう」と疑問に思う女性ファン多し。とりわけ、最後の「♪このお〜れ〜さ〜♪」とトートが歌い上げるたび、そう思う。

斎藤吉正
【さいとうよしまさ】

1994年入団。1999年バウ公演『TEMPEST』

(宙) で演出家デビュー。2000年『BLUE・MOON・BLUE』(月) で大劇場デビュー。このショーは現役生徒にも人気が高い。うさ耳をつけた若手娘役もかわいかった。霧矢大夢に『エヴァンゲリオン』の『魂のルフラン』を、望海風斗にT.M. Revolution×水樹奈々の『Preserved Roses』(『革命機ヴァルヴレイヴ』主題歌) を歌わせるなど、歌うまにアニソンを歌わせたがる節がある。他に『La Esmeralda』('15／雪)、『桜華に舞え』('16／星) など。

サイン
【さいん】

贔屓のサインはファンなら誰もがほしいもの。ただし、街で偶然タカラジェンヌを見掛けても「サインください」は御法度である。なお、在団中にサインをチェンジする生徒もいる。

酒井澄夫
【さかいすみお】

1959年入団。1965年『おやゆび姫』(花) でデビュー。ショーの他、『ガイズ＆ドールズ』('84／月) など海外ミュージカルの潤色も手掛ける。お衣装の色彩が鮮やかなのに意外とオーソドックス。大人っぽいショーを作り、ファッションセンスが信用できる。主な作品に『夜明けの序曲』('82／花)、『Passion愛の旅』('08／宙) など。

早霧せいな
【さぎりせいな】

2001年入団。87期生。愛称「ちぎ」。宙組へ配属。2009年雪組に組替え。2014年雪組トップスターに就任。相手役は咲妃みゆ。2015年『ルパン三世 —王妃の首飾りを追え！—／ファンシー・ガイ！』で大劇場お披露目。2017年『幕末太陽傳／Dramatic"S"！』で退団。小学生男子のような無邪気さ故に「ちぎ太」とも呼ばれる。舞台での細部まで計算された演技、カッコよさ、ハンサムな美しさに反し、舞台挨拶やお茶会などでは5秒に一回は天然発言が出る。本人曰く「トップ就任前の全国ツアーでまじめな挨拶をしたら、ファンからのお手紙で寂しいと言われたから」。実は彼女の天然発言はファンサービスだったのである。

差し入れ
【さしいれ】

宝塚の差し入れの定番といえば「ルマンのサンドイッチ」「しろたえのチーズケーキ」「千疋屋のフルーツゼリー」など。とはいえ、生物は賞味期限も短く好みも分かれ、差し入れするのは難しい。贔屓が喜ぶものをと思うなら、『宝塚おとめ』の「集めている品」を参考にするのもあり。なお、舞台の差し入れといえばお花が定番だが、宝塚では禁止されている。

さようならパリ、さようならベルサイユ
【さようならぱり、さようならべるさいゆ】

『ベルサイユのばら』（'74／月）でのマリー・アントワネット最後のシーンのキメ台詞。大階段を断頭台に見立て、上っていくアントワネット。斜めに入る一筋の光が美しい。冒頭で少女時代のマリーがフランスに嫁ぐ際、無邪気に叫んだ、「さようならウィーン、さようならオーストリア」と対になっている。その後のフェルゼンの「王妃さま〜！」と合わせ涙を誘う。

サヨナラ
【さよなら】

生徒が退団すること。退団公演を「サヨナラ公演」、前楽と楽に基本トップスターのみ行われる公演後のショーを「サヨナラショー」と呼ぶ。「歌舞伎はお披露目で稼ぎ、宝塚はサヨナラで稼ぐ」という言葉があるように、宝塚ファンにとってサヨナラは特別なもの。宝塚での「男役」としてのその人は卒業したら二度と見られないのだから。もちろん、それこそが、宝塚の醍醐味でもあるが。

サヨナラショー
さよならしょー

男役トップスター、娘役トップスター、二番

手スターが退団するときに千秋楽後に行われるショー。男役トップは前楽と大楽、それ以外は大楽のみ。宝塚時代に歩んできた道をたどる構成になっており、ファンは涙、涙である。構成・演出はたいてい退団公演の演出家が務める。

サヨナラの会服
【さよならのかいふく】

会が用意するサヨナラ専用の服。白いので「白会服」ともいわれる。下級生会の場合、公演の会服と共通であることが多いが、トップスターの会では最後の何日間かのためだけに用意されることが多い。これがないとサヨナラのガードに入れなかったり、フェアウェルパーティーに出席できない場合も。白い上着だけという会もあれば、靴下やバッグまで何点もセットになった会もある。安奈淳、麻実れいのファンもサヨナラの際、白い会服を着ている人がいたようだが、ここまで定着したのはここ20年あまりのことらしい。

さよなら皆様
【さよならみなさま】

終演後に劇場で流れるおなじみのBGM。河崎一郎作。実は、昭和20年代に上演された『かぐや姫』('52／花）で歌われた、かぐや姫が天上に行くときの歌である。宝塚大劇場、東京宝塚劇場ともに、歌っているのは元月組の美々杏里。

salon de takarazuka ステージスタジオ
【さろん ど たからづか すてーじすたじお】

宝塚大劇場内にあるフォトスタジオ。宝塚の本格的な扮装ができる。エリザベートやオスカルなど人気公演の衣装はひと通り揃っており、コースによっては宝塚メイクも施してもらえる。メイクから着付け、撮影まで所要時間は2時間ほど。男子禁制。要予約。スターとの2ショット合成写真をキーホルダーなどにしてもらえるコースもある。

シアター・ドラマシティー
【しあたー・どらましてぃー】

梅田芸術劇場の中のホール。座席数は898席。バウホールより一回り大きく、下級生よりも二番手スターやトップスターが公演することが多い。シアター・ドラマシティで行われる公演のほとんどが東京公演も行われる。なお、この東京公演、以前は日本青年館で行われることが多かったが最近は神奈川芸術劇場KAATや赤坂ACTシアター、文京シビックホールなどでも行われる。

自衛隊
【じえいたい】

防衛省の管轄下にある、日本における防衛組

織。音楽学校では入学してすぐのオリエンテーションのときに、自衛隊の人を呼んで研修を行っている。

ジェンヌ

【じぇんぬ】

タカラジェンヌの略。生徒のことを「ジェンヌさん」とも呼ぶ。

紫苑ゆう

【しおんゆう】

1978年入団。64期生。愛称「シメ」。星組配属。1992年『白夜伝説／ワンナイト・ミラージュ』で星組トップスターに就任。相手役は白城あやか。1994年『カサノヴァ・夢のかたみ／ラ・カンタータ！』で退団。宝塚が、そして男役がとにかく大好きで、退団後も宝塚音楽学校の講師を務める。そのときの呼び名は渡辺先生であり、講義を受けている82期より下の学年にとっては、憧れのスターかつ先生である。軍人の役が多くしょっちゅう軍服を着ていたため自らを「軍人専科」と呼び、自前の白軍服も所持。100周年式典では、その軍服とともに変わらぬ姿を披露した。

指揮者

【しきしゃ】

公演のオケを指揮する人。開演前に紹介があり、オケボックスからピョコっと顔を出し挨拶をしてくれる。「おかだよしき」「ささだあいいちろう」「みさきめぐみ」「にしのじゅん」「しおたあきひろ」と聞いて瞬時に漢字が思い浮かぶのは、公演DVDを見まくっている証である。

シケ

【しけ】

意図的にたらした前髪。

試験

【しけん】

入団してからも研1、研3、研5で試験が行われ、『宝塚おとめ』掲載の順番などに反映される。他にもさまざまな場所での席順、それこそ関係者のお焼香までがこの順番である。そこまでカッチリ決まっていると、気遣ったり考えたりする必要がなく楽しい。研5の試験が最終であり一生残る成績順がここで決まるため、「研5の試験は墓場まで」という言葉もある。

姿月あさと

【しづきあさと】

1987年入団。73期生。愛称「ずんこ」。花組に配属。月組に組替え。1998年宙組の立ち上げに伴い初代トップスターに就任。相手役は花總まり。同年『エクスカリバー／シトラスの風』でお披露目。2000年『砂漠の黒薔薇／GLORIOUS!!』で退団。光を浴びているかのような抜群の歌唱力、高身長、現代的な容姿で絶大な人気を誇るが、トップ就任後たった2年で退団。男っぽいのにどこかあどけない雰囲気が彼女の魅力。

死ねばいい

【しねばいい】

『エリザベート』('96／雪)でのトートのセリフ。夫フランツがマデレーネを寝室に連れ込んでいる写真を見せられうろたえるエリザベートに向けて言う。強く言い放つトート、妖しくささやくトートなど、言い方が歴代トートにより違い、新しく上演される際の注目ポイントともなっている。「死は逃げ場ではない！」と並んで、ファンがつい言ってしまうセリフのひとつ。

柴田侑宏

【しばたゆきひろ】

劇団所属の演出家。1958年入団。1961年『河童とあまっこ』（花・月）で演出家デビュー。悲恋物を多く手掛ける。1981年劇団理事に就任。宝塚歌劇の殿堂100人に選ばれている。三角関係やなさぬ仲の愛など設定はどろどろしていることも多いのに、なぜか格調高く物哀しい。観た後に余韻が残り、考えさせられる、まさに、文学の香りがする作品群である。その他の主な作品に『琥珀色の雨にぬれて』('84／花)、『うたかたの恋』('83／雪)、『あかねさす紫の花』('76／花)など。

紫吹淳

【しぶきじゅん】

1986年入団。72期生。愛称「リカ」。花組に配属。1996年星組、翌年月組に組替え。2000年専科に異動。2001年月組に組替え、同年月組トップスターに就任。相手役は映美くらら。2004年『薔薇の封印』で退団。群を抜いた小顔に加え、首の下から生えているのではないかと思うほど長い脚。その脚を他の男役より大きく広げ、紫吹ならではのシルエットを作り上げた。ファンに人気だったのは自身の後ろ姿だったと後に語っている。オフではオシャレを超越したオシャレをし、髪型や小物使い、各所でファンを楽しませてくれた。

シャベ（シャベ化粧）

【しゃべ】

固い練り状の舞台化粧品。水で溶いてハケで塗布。白シャベは日本物の白塗りで使う。

シャンシャン

【しゃんしゃん】

パレードで階段降りの際、持って降りてくる小道具。このスタイルは1950年『アラビアン・ナイト』（花）から始まり、このときついていた鈴の音色が元となりこう呼ばれるようになった。リボンの長さは2.2メートル。最近は電飾がついているものも多い。公演ごとにデザインが変更され、どのようなシャンシャンが出てくるかも楽しみの一つである。羽根扇、燭台、扇子、ステッキなど、"変わりシャンシャン"の公演もある。

修学旅行
【しゅうがくりょこう】

本科生が7月に行く修学旅行（予科生は「学年旅行」）。'94年以降は行き先は北海道と決まっている。集合写真でのポーズの揃いっぷりはさすがのひと言。

集合日
【しゅうごうび】

公演の稽古初日。宝塚以外の舞台では「顔合わせ」などと呼ばれる。大劇場の集合日に脚本ができていれば香盤発表があり配役も知る。挨拶、スケジュール確認などを終え、「本読み」があり、集合日が終了する。集合日には退団する生徒の発表もある。応援してきた生徒の退団は寂しいものであり、贔屓の組の集合日はドキドキ。また、集合日付け退団は、どんなに下級生でも見送れない哀しさが残る。

出演者からの寄せ書き
【しゅつえんしゃからのよせがき】

または組子からの寄せ書き。生徒に「宝物を見せて」というとほぼ必ず出してくるのがこれ。初主演公演、組替えが決まったとき、トップ就任が決まったときなど、事あるごとに寄せ書きを贈っているのだなぁと結束の固さを窺うことができる。

ジューマッハ
【しゅーまっは】

真琴つばさがトップだった時代の月組で結成されたユニット。メンバーは汐美真帆、大空祐飛、霧矢大夢、大和悠河。真琴が4人を引き連れて当時の人気テレビ番組『THE 夜もヒッパレ』などに出演していた。真琴の退団後もなんとな〜く続いていたが、汐美が星組へ、大和が宙組へ異動となりふわっとなくなってしまった。

この内3人がのちのトップスターってスゴイ！

夜明けの序曲　ノバ・ボサ・ノバ　サ・レビュー'99　グレート・センチュリー　華麗なる千拍子'99
（'99／花）　（'99／雪）　　（'99／花）　　　（'99／星）　　　　（'99／雪）
　　　　　　（'99／月）

正月公演
【しょうがつこうえん】

宝塚大劇場は1月1日から、東京宝塚劇場は1月2日から公演が行われる。「お正月から舞台に立てるという舞台人としての喜びを噛みしめて……」などと贔屓に言われたら、嫁家業があろうがなかろうが、劇場に駆けつけるしかない。松の内（1月7日まで）は、開演アナウンスの冒頭に「みなさま、あけましておめでとうございます」という挨拶もついている。

小休憩
【しょうきゅうけい】

幕間。二本立てなら芝居とショーの間に、一本立てなら一幕と二幕の間にある。時間は約30分。幕の向こうではショーや二幕に向けて化粧直しや衣装チェンジなどでお忙しいのだろうが、こちらはこちらでトイレに行ったり、さっきのあれは誰だとプログラムをチェックしたり、興奮をツイートしたりと忙しく、あっという間である。公演デザートだって食べなければならないし。それでも、宝塚は座席で腹ごしらえができるし、トイレの数は多すぎるくらいで並んでいてもすぐに入れるのはありがたい。

上級生
【じょうきゅうせい】

全体で上のほうの学年の生徒。また、自分より上の学年の生徒でいわゆる「センパイ」的な意味で使われる。

尚すみれ
【しょうすみれ】

1968年入団。54期生。雪組に配属。雪→月→雪と組替え。1975年『恋こそわがいのち』（月）で新人公演主演をしている他、雪組副組長も務めている。現在は、振付家や講師として携わっている。とにかく熱血。独特の髪型でファンに親しまれている。

初見
【しょけん】

初めて見ること。ファンの間では「初見だからまだ脇まで見られなかった」「初見ではこの公演のよさはわからないよ」といった使い方をよくする。

女装
【じょそう】

ショーで男役が女性の役で出ること。「誰？キレイ～！ でもなんか、いかつい？」と思ったら大抵男役である。長身でスタイル抜群の男役による女装はダイナミックで娘役にはない不思議な色気が漂う。ときどきちょっと怖いけれど、それはだいたい研10以上の男役。男役として生きてきた年数が反映されると考えれば当然といえば当然である。しかし中には娘役顔負けに細く美しい男役もいて、なんだかズルい。見惚れますけど！

初日
【しょにち】

公演の1日目。終演後には舞台挨拶が行われ

る。大劇場初日、東京初日というように箱ごとに初日を数える。

ショー

【しょー】

歌やダンスで構成された舞台のこと。宝塚では二本立てのお芝居でないほう、または一本立てのフィナーレの部分を指す。レビューもまとめてこう呼ぶことが多い。今、スペインにいたと思ったら、ニューヨークの摩天楼に飛び、アフリカのサバンナを駆け巡る。60分間で世界旅行ができてしまうのも宝塚のショーの醍醐味。場面と場面のつながりに関連性がないことも多く、いつでも突然から突然である。

しらたまさん

【しらたまさん】

アンパンマンの登場人物。正式名称「つきのしらたま」。元月組トップスターの紫吹淳がモデルになっている。"新しいお芝居やダンスを求めて旅をしているトップスター"と公式に掲載されている通り、性別は女性だが、金髪で水色のシャドウを施し、すみれ色の燕尾（っぽい）服に身を包む姿はまるでタカラジェンヌ。去るときはシャンシャンを持っているという徹底ぶりである。声優は伊倉一恵。

シルヴェスター・リーヴァイ

【しるゔぇすたー・りーゔぁい】

『エリザベート』の作曲を担当した人。フランク・ワイルドホーン、ミヒャエル・クンツェと並び、名前は知ってるけれど誰が誰だっけ？　と混同する3人のうちの一人。最近はジェラール・プレスギュルヴィックも加わり4人になろうとしている。なお、フランク・ワイルドホーンは『THE SCARLET PIMPERNEL』の作曲家にして和央ようかの夫、ミヒャエル・クンツェは『エリザベート』の脚本家、そしてジェラール・プレスギュルヴィックは『ロミオとジュリエット』の作曲家である。

白装束

【しろしょうぞく】

生徒の退団公演の千秋楽ではファンが白い服に身を包む。「その服は本当に白いか？　白と思っていてもオフホワイトではないか？　クリーム色ではないか？　第三者にチェックしてもらおう」というお達しが出た会もあった。白選びには気を付けよう。

白薔薇のプリンス

【しろばらのぷりんす】

宝塚の至宝であり往年のスター、春日野八千代のこと。あまりの美しさに「永遠の二枚目」という異名もあった。

心中・恋の大和路

【しんじゅう・こいのやまとじ】

近松門左衛門原作の人形浄瑠璃『冥途の飛脚』を元に、菅沼潤脚本・演出で1979年初演。1998年公演から谷正純が潤色・演出を担当。現在まで、4回上演されている。手を出してはいけないお金に手を出し逃げるお坊ちゃま、亀屋忠兵衛と、郭の外を知らない女郎、梅川。死だけが待つ二人の恋の道行きは、雪山を布で表す演出と相まって涙なくしては見られない。このとき歌われる『この世にただひとつ』はまさに名曲。

新人公演

【しんじんこうえん】

略して「新公」。本公演の芝居を本役に代わり研7以下の生徒のみで行う公演で、宝塚、東京の公演期間中に一度ずつ行われ、新人公演主演はトップスターへの登竜門である。稀にショーの場合もある。新人公演はスター発掘の場でもあり、主演のみならずキラリと光る脇役にも注目させられる。うまい若手が老け役をやっているだけで、その公演自体が締まり、拍手もひときわ大きかったりする。

新専科・新専科制度

【しんせんか・しんせんかせいど】

2000年に突如施行されファンの間にどよめきを起こした制度。「新専科」という呼び方は通称であり、公式には使用されていない。これまでのベテランが揃う専科に、各組の2～3番手がゴッソリ移籍。メンバーは匠ひびき（花）、伊織直加（花）、紫吹淳（月）、初風緑（月）、香寿たつき（雪）、汐風幸（雪）、絵麻緒ゆう（星）、彩輝直（星）、湖月わたる（宙）、樹里咲穂（宙）。少し遅れて成瀬こうき（雪）（（　）は異動前の組）。のちにトップになったのは6名。賛否両論が相次いだ大胆で不思議な改革である。

シンメ

【しんめ】

シンメトリー（左右対称）の略。ショーの立ち位置などで使う。学年の近いスターがシンメになることが多い。

スカイ・ナビゲーターズ

【すかい・なびげーたーず】

スカイステージのタカラヅカニュースのメインMCの名称。各組より2名ずつ選抜され研7以上の若手ホープが務める。旧・スカイフェアリーズ。

スカイ・フェアリーズ
【すかいふぇありーず】

スカイステージ開局から2011年までイメージキャラクターとして主にニュースのMCなどを務めたメンバーの名称。スカイ・ナビゲーターズの前身的存在。毎年研4以下から各組2名が選出されていた。歴代のスカイ・フェアリーズのなかでトップスターになったのは、彩輝直（専科から初代フェアリーズを務めた）、凰稀かなめ、早霧せいな、龍真咲、朝夏まなとの5人で意外と少ない（2016年12月現在）。

スカイ・レポーターズ
【すかい・れぽーたーず】

スカイステージで、公演やスターをレポートするメンバーの名称。各組より2名ずつ選抜される。基本的に中堅スターが務める。

スカーレット2
【すかーれっとつー】

『風と共に去りぬ』（'77／月）に登場するスカーレット・オハラの分身。心の声を擬人化した存在である。バトラーへの本当の気持ちに気づけとスカーレットにはっぱをかけ続けるスカーレット2。紆余曲折あり、やっとわかり合えたと思ったら、彼女は消えてしまう。しかもバトラーもいなくなってしまう。それでも明日はあると雄々しくも立ち上がるスカーレット。この強さ、見習いたい。

スカーレットピンパーネル
【すかーれっと・ぴんぱーねる】

1997年ブロードウェイ初演のミュージカルで、宝塚では2008年に星組が安蘭けい主演で初演。正式タイトルは『THE SCARLET PIMPERNEL（スカーレットピンパーネル）』略してスカピン。小池修一郎潤色・演出。一本物。劇中歌の『ひとかけらの勇気』は安蘭けいの歌声を聞き作曲担当のフランク・ワイルドホーンが書き下ろしたという。2010年月組が再演。2017年星組が再演。幕開きでリヤカーを引くボロボロの人がいきなりトップスターに早変わりしたり、イギリスの貴族の部屋にいたと思ったら帆が張られて船のシーンになったりと、演出が冴え渡る。

少しも早く
【すこしもはやく】

『ベルサイユのばら』（'74／月）の名セリフ。歌舞伎調のセリフで、『ベルサイユのばら』＝植田歌舞伎といわれるひとつの象徴。現代的感覚からすると文法的に間違えて聞こえるが、宝塚ファンにとっては初演から聞き慣れすぎるくらい聞き慣れており、ときどき「少しも早く」などと直されていると、寂しく

感じてしまう。

スゴツヨ
【すごつよ】

『王家に捧ぐ歌』('03／星)の楽曲の愛称。キムシンお得意のド直球の歌詞が、あらゆるものを押し流し、インパクト大である。単純ゆえに真実をついている(ような気がする)。もはや日常会話でも欠かすことができず、公式がLINEスタンプを出すなら絶対外せない言葉である。

涼風真世
【すずかぜまよ】

1981年入団。67期生。愛称「かなめ」。月組に配属。1990年月組トップスター就任。相手役は麻乃佳世。1991年『ベルサイユのばら—オスカル編—』でお披露目。1993年『グランドホテル／BROADWAY BOYS』で退団。劇場の空気を変える圧倒的な美声、妖しい雰囲気(特に『天使の微笑・悪魔の涙』('89)のメフィストフェレスは絶品)で人気を博した。フェアリー系の代表で、退団時、当時組長の汝鳥伶が「歌の妖精は、静かに森に帰っていきます」とコメント。現在は「むかし妖精、いま妖怪」というキャッチフレーズで会場の心をつかむ。その歳でその美しさはまさに妖怪である。

鈴木圭
【すずきけい】

劇団所属の演出家。1998年入団。2003年バウ公演『里見八犬伝』(宙)で演出家デビュー。2011年『愛のプレリュード』(花)で大劇場デビュー。『逆転裁判』('09／宙)シリーズや『戦国BASARA』('13／花)など、カプコンゲーム系をよく手掛ける。

スターの小部屋
【すたーのこべや】

WOWOWの番組『宝塚・スターの小部屋』のこと。現在放映している『宝塚プルミエール』の前身番組。生徒が出演している本公演や新人公演についてトークしていた。スカイステージができる前は生徒のオフの姿が見られる貴重な番組だった。

GLORIOUS!!　('00／宙)　　BLUE・MOON・BLUE　('00／月)　　ザ・ビューティーズ！　('00／花)　　美麗猫　('00／星)

88

スターブーツ
【すたーぶーつ】

膝の上まであるロングブーツ。役によっては飾りも豪華。トップスターやある程度の番手がつかないと着用できない。このスターブーツ、何しろ長い！ 自分で履くとパンツにしわがよってしまうらしい。しかし、スターブーツはスターが履くもの。お衣装部さんや下級生がブーツを履かせてくれるため、しわは寄らない。他人に履かせてもらってこそのスターブーツなのである。

ステファン
【すてふぁん】

『ベルサイユのばら』（'74／月）のマリー・アントワネットが大切にしている人形。実は原作には登場せず、宝塚オリジナル。

スチール写真
【すちーるしゃしん】

公演のシーンなどを表現した写真のこと。スタジオで舞台メイクに衣装を身につけて撮影されたもので、プログラムに掲載されていたり、その別カットが販売されることが多い。舞台写真と併せて、キャトルレーヴで販売されている。

ステージアルバム
【すてーじあるばむ】

阪急電鉄より一年に一度発売される舞台写真集。年度ごと全ての組の舞台写真が掲載されている。本公演はもちろん、新人公演やバウ公演、イベントなども載っている。作品のあらすじや配役も掲載されており、資料性が高い。

ミレニアム・チャレンジャー！（'00／宙）　ジャズマニア（'00／月）　Asian Sunrise（'00／花）　愛のソナタ（'01／月）

スペイン物

【すぺいんもの】

スペインが舞台の芝居。とにかく情熱的でドラマティック！『哀しみのコルドバ』（'85／星）、『激情』（'99／宙）など、再演を繰り返す作品も多い。だいたい闘牛士が出てきてその衣装もまたカッコよく、それを着こなし熱く踊る様を、本場スペインに見せびらかしたいほど。娘役がフラメンコ衣装（丈がすごく長い代物）を器用にさばく姿もさすが。ただ、スペイン物でかならずついてくる帽子は、大切なお顔が見えず寂しい。もっとお顔を見せておくれ！

すみれ

【すみれ】

学名 Viola mandshurica。スミレ科スミレ属の花の和名。花の色は紫。宝塚市の市花であり、劇団の象徴ともなっている。すみれ色も劇団を象徴する色。

すみれ売り

【すみれうり】

正式には「すみれ募金」。北摂保護区保護司会宝塚地区会の「社会を明るくする運動」の一環として1964年より始まる。5月の日曜日に本科生と予科生とわかれて2週にわたって大劇場公演の開演時間前に実施する。柄の着物と緑の袴を着用した音楽学校の生徒が募金箱を持ちながら呼びかけ、募金してくれた人にすみれの花（昔は生花、のちに造花）を渡していたので、「すみれ売り」と呼ばれるようになった。2010年より地区会の一環ではなくなり募金先も変更。すみれの造花もパンジー（スミレ科スミレ属）の種に変更になった。未来のスターと触れ合えるめったにない機会で、それを楽しみに足を運ぶ人も多い。

すみれキッチン

【すみれきっちん】

大劇場の楽屋奥にある、10席程度の小さな秘密の食堂。劇団内の社員食堂やNOVAとは別モノ。食堂内で食べられるのは上級生のみ。下級生は楽屋で食べる。現役の生徒とOGしか利用できないため、もちろん男子禁制。メニューは日替わり。公演中のトップスターの好物がメニューに入ることも。ハンバーグなどのガッツリ系から意外と庶民的なものまで。ツケがきき、千秋楽の前の日に請求書が配られる。

すみれコード
【すみれこーど】

劇団の品格を損なったり夢を壊したりしないための暗黙の了解事項。舞台上では濃厚すぎるラブシーンやひどく暴力的なシーン、差別的なセリフ、過激な衣装などは登場しない。たとえば、エリザベートがフランツの浮気を知るシーン。宝塚では証拠写真をトートに見せられて知るが、東宝版では性病をうつされる描写がある。オフでは本名年齢非公表……とはいっても、音楽学校の文化祭は本名で書かれているし、中卒で入学、もしくは「何度目の受験で合格」といった発言で年齢もほとんどわかっている。それでもあえての公表はしない。それがすみれコードである。お付き合いしている人の有無はもちろんNG、ファンも求めない。暗黙のルールであり、"夢を壊さない"という点でおおまかに"日常生活を見せない"ことがコードであったように思う。しかし、スカイステージで舞台以外のオリジナル番組が放映されるようになり、このコードもだいぶ縮小されてきた。加えて、OGがTVのバラエティ番組などで、ケロッと喋ってしまうことも。知りたいけど知りたくない、知ってはいけないすみれ色のヴェールは、時代と共に薄くなってきているのかもしれない。すみれコードがなくなりませんように。

すみれの花咲く頃
【すみれのはなさくころ】

宝塚を代表する愛唱歌。1930年の『パリゼット』（月）の劇中歌として作られた。『Wenn der weisse Flieder blht』を原曲に白井鐵造が作詞。阪急電鉄宝塚駅の発車メロディーとして使われている。

すみれ寮
【すみれりょう】

音楽学校の生徒や実家から通えない劇団の生徒が暮らす寮。以前のすみれ寮は音楽学校から徒歩10分。2015年地上7階139戸の新すみれ寮が建設された。

スーツ物
【すーつもの】

男役がスーツを着る、つまり現代を舞台とした公演。飾りが多いコスチューム物よりも、シンプルなスーツで男に見せるのはより難しいともいわれる。男役10年とよくいうが、スーツを着こなすにもそのくらいはかかる。

性転換
【せいてんかん】

男役として入団したものの途中から女役に転向すること。過去に遥くらら、鮎ゆうき、紫城るい、愛希れいかなど。何気なく見ていた

さ

昔の舞台映像に、今はかわいい娘役がリーゼントで映り込んでいたときの嬉しさるや！男役スターが退団後に、本来の性別を全うしていくようになることもこう呼ぶ。

性転換したちゃんぺちゃんの男役が見られた『1789』の新公

生徒

【せいと】

宝塚歌劇団の劇団員。タカラジェンヌのこと。音楽学校を卒業しても、現役でいるかぎりこう呼ばれる。専科のベテラン勢だって生徒である。春日野八千代は亡くなるまで生徒であり続けた。

生徒監のお父ちゃん

【せいとかんのおとうちゃん】

各組に一人ずついる生徒監督の男性。生徒の体調管理やマネージャー業を行っており、「お父ちゃん」と生徒から愛されている。阪急電鉄を定年まで勤めあげた人の中でもまじめで品行方正な社員に声が掛かる。定年退職するほどの年齢の男性が、組子の本名、芸名、愛称、メイクした顔、スッピンなどを全部覚えるのかと思うと……おつかれさまです！これからも私たちのご贔屓さまをどうぞよろしくお願いいたします。

瀬奈じゅん

【せなじゅん】

1992年入団。78期生。愛称「あさこ」。花組に配属。2004年月組に組替え。2005年月組トップスターに就任。相手役は彩乃かなみ。同年『JAZZYな妖精たち』で大劇場お披露目。2009年『ラスト プレイ／Heat on Beat!』にて退団。在団中3度『エリザベート』（'02／花、'05／月、'09／月）に携わり、ルキーニ、エリザベート、トートの主要3役を演じ、退団後の初舞台も『エリザベート』だった。立派な肩幅は宝塚の宝とも呼ばれた。「肩にかけたルキーニのカメラが落ちてくるけどどうすれば」という霧矢からの問いに「落ちたことない」「自前の肩パッド」と自虐的に答えたことも。とはいえ、肩幅が広く見えるのも小顔ゆえ。スタイルのバランスは抜群で、男役ダンスはとにかくカッコよかった。

セ・マニフィーク

【せ・まにふぃーく】

1977年星組鳳蘭主演で上演されたグランド・ショー。ショーのテーマは月（星組だけど）。同名の主題歌は今もTCAスペシャルやショーの一部分で歌われる。

セリ

【せり】

舞台床面の一部を切り抜いて上下させる仕掛け。下からスーッと登場するのがセリ上がり。下がるのはセリ下がり。スターの登場に欠かせない演出であり、上がって来たときにはこれまたスターに欠かせないピンスポが当たる。盆と合わせて使うことも可能。7・8号は別名「すっぽん」。大きいセリは運がよければ

下級生でも乗れるが、自分のためだけに稼働するすっぽんに乗れるのはスターのみ。憧れる生徒は多い。

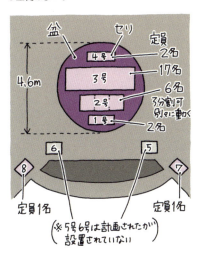

0番

【ぜろばん】

舞台のセンター。舞台前面に立ち位置を示す番号が記されており、0番から上手下手に向かって順番に1、2……と広がっていく。「0番の線が体の中心を通るつもりで立つ」のだそう。トップスターの定位置にして生徒の憧れ。「センター」と言わず「0番」と言うほうがツウっぽい。

専科

【せんか】

5組に所属せず、各組の公演に特別出演し舞台を引き締めるスペシャリスト集団。1927年声楽専科設立。後に舞踏専科、映画専科、演劇専科もできたが、現在は分かれていない。トップスター経験者である轟悠も在籍しており、脇を固めるどころか正面からドンと締めてくれている。

全国ツアー

【ぜんこくつあー】

全国を回る公演。略して「全ツ」。1998年からは年に3回行われる。自分の地域にタカラジェンヌがやってくるのは日頃類を見ない興奮である。一日中ソワソワして仕事も勉強も手につかない。都市ごとに盛り上がり方も違うしご当地出身の生徒には大きな拍手も！トップスターがその土地の方言で挨拶するという気配りも見られてホッコリする。本公演から引き続き同じ公演での全ツでは、本公演とは違うキャストが楽しめたり、本公演ではもう観られない上級生のラインダンスが観られたりと、すでに本拠地で観たファンも楽しめる。さぁ、全ツ貯金を始めよう！

千社札

【せんじゃふだ】

長方形の小さな札に自分の名前などを記したもの。神社や仏閣の参拝記念に寺社の柱・天井などに貼り付ける札として知られているが、宝塚に限らず舞台人には用意している人が多い。毎回公演に合ったデザインを新しく作る生徒が多く、ファンはお茶会で購入できる。

コレクションアイテムである。

※イメージ

千秋楽

【せんしゅうらく】

数日から数十日にわたって行われる公演の最後の公演のこと。略して「楽」。全国ツアーや地方公演も含む場合は最後の土地の最終の回が、「大千秋楽」略して「大楽」と呼ばれる。宝塚に限らず他の舞台や大相撲でも使われる業界用語。宝塚では千秋楽ならではのアドリブが多くなることも。退団者がいれば千秋楽の後に挨拶が行われ、それがトップスターであれば前楽及び楽後にサヨナラショーが行われる。楽が終われば生徒も「公演お疲れさま！」の打ち上げがある（と思う）が、ファンも「よく通った！お疲れさま！」の打ち上げをし、「しばらく会えないね……」としんみりしつつ、いそいそと次の公演の観劇計画に勤しむ。

千秋楽中継

【せんしゅうらくちゅうけい】

トップスターのサヨナラショー付きの大千秋楽公演を全国の映画館で見られる、いわゆるライブビューイング。贔屓のサヨナラショーともなれば、劇場がダメでもせめてリアルタイムで見送りたい！ そんな気持ちをどうにか叶えてくれる夢の技術である。ライブビューイング会場限定のパンフレットなども用意される。最近はトップのサヨナラでなくても、東京公演の千秋楽を中継することがある。

千秋楽の入り

【せんしゅうらくのいり】

退団する生徒の会の会員が、白装束で生徒の入りを見守り、ガードの役目を果たす。一般のファンはガードに従い、ガードの後ろから見送ることができる。トップスターの退団時

パッサージュ
（'01／雪）

ベルサイユのばら2001
—フェルゼンと
マリー・アントワネット編—
（'01／宙）

VIVA!
（'01／花）

は宝塚は楽屋の入り口、東京は劇場の正面玄関に組子が全員集合して入りを待ち、趣向を凝らした演出で出迎える。宝塚では神輿にトップが乗る場合が多く、顔位置が高くなりファンも見やすいのでありがたい。千秋楽の入りの仕切りは二番手がすることが多い。

総踊り

【そうおどり】

組子全員で歌い踊る群舞のこと。宝塚の舞台に慣れてしまうとそれ以外の舞台では、人数が少なくて寂しく感じることがよくある。

壮一帆

【そうかずほ】

1996年入団。82期生。愛称「So」。花組に配属。2001年雪組、2006年花組、2012年雪組に組替え、同年トップスターに就任。相手役は愛加あゆ。2013年『ベルサイユのばら―フェルゼン編―』で大劇場お披露目。2014年『一夢庵風流記　前田慶次／My Dream TAKARAZUKA』で愛加と同時退団。特技は剣道。砂浜を道着で走っているような青春スターのイメージで、冴えないサラリーマンから傾奇者の戦国武士まで、全力疾走で駆け抜けていった。

総見

【そうけん】

会の会員が集まって会服を着用し同じ日時の公演をひと固まりになった席で観劇すること。「会総見」といえば会員みんなで観ること、「組総見」といえば組子の会みんなで観ること、「コラボ総見」といえば別のスターの会といっしょに観ることである。会からのおみやげが付くことが多い。あっちからの拍手が今日はなんだか大きいなと思ったら、たいていは総見である。

宙組

【そらぐみ】

1998年1月1日に創設された最も新しい5番目の組。東京での通年公演の実現を踏まえ、同年に行われた香港公演メンバーを中心に構成された。カラーは紫。身長の高い生徒が集まり、他の組を見た後、宙組を見ると「縦に長いな」「舞台セットが小さいな」と思うのはお約束。実は娘役もかなりの高身長である。

Rose Garden ('01／雪)　ダンシング・スピリット！ ('01／宙)　ガイズ＆ドールズ ('02／月)　LUCKY STAR！ ('02／星)　ON THE 5th ('02／雪)

SPECIAL INTERVIEW

「男役さんをかっこよく見せたい それが娘役の思いです」

華耀きらり（元花組娘役スター）

──迷うことなく、最初から娘役志望だったとお聞きしましたが。
「そうです。記憶にあるのは小２くらいだったでしょうか。お芝居を観るのが好きな母に連れられ、宝塚を初めて観ましたが、宝塚に入るなら娘役！と思いました。性格はサバサバしてますが、幼い頃からドレス、というものに憧れがあって。とにかくドレスが着たかったのだと思います。『ベルサイユのばら』を観たときも、ただただ美しいドレスの数々にため息が漏れて…。宝塚の華やかさ、特にドレスに魅せられました」

──衣装は公演ごとに新しく作られるんですか？
「新しい衣装と、これまでに製作されたものの着回しと、両方です。着回しといっても、憧れの方の衣装を自分が着ることは嬉しいことでもあって。衣装には、それを着た歴代の方のお名前のタグが残っているんですが、それを確認するのが好きで（笑）。新しく作っていただくのも嬉しかったですけど、タグを確認して、"これ、誰々さんのドレスだー！"って」

──小２で宝塚と衣装に魅了されて、すぐ入りたいと思いましたか？
「いえ。ごく普通の家庭だったので、塾には通っていましたが、宝塚受験のために必要な習い事は、一切していなかったんですね。ですから、自分なりにできることをこっそりやっていました。たとえば、お風呂上がりの柔軟とか、背が高くならないように小さいサイズの靴を履いたりとか。小学校高学年で157cmくらいあったので、このままでは背が高くなる、危ない！と（笑）」

──受験はいつ具体的に？
「高１のとき。ＴＳＵＴＡＹＡでたまたま、

卒業公演『宝塚幻想曲（タカラヅカ ファンタジア）』の髪飾り。髪飾りは使用後、パーツを再利用することが多く、残っていないそう。

宝塚の公演ビデオがレンタルされてるのを見つけて借りてきて、見てるうちに、初めて"ここに入りたい"という思いが芽生え、そんな私に気付いた母が、"まさか、宝塚に入りたいって思ってる!?"と。母にバレバレでした。でも、"自分で決めなさい"と言ってくれたので、公演パンフレットに載っていた宝塚受験スクールに電話をして、高校からいちばん行きやすい場所のスクールに決めました」

──夢の一歩を踏み出したんですね。
「はい。でも、それまで何のレッスンもしてこなかったので、大変でした。高１でスクールに入りましたが、何もできなさすぎて最初

は受験することも許されず。ラストチャンスで何とか合格しました。可能性がゼロでないなら懸けてみようと、諦めずに頑張ってよかったなと思います」

——憧れの宝塚のドレスを、宝塚の生徒として着たご感想は？

「大鳥れいさんのサヨナラショーで、デコルテの開いた白いサラッとしたドレスを初めて着たとき、カルチャーショックというか…自分の体形がお客様にお見せできる状態でないことに気付きまして。体つきがまだ肉々しいし、自分で作らなければいけない頭も飾りも。ヘアアレンジ、髪飾りなどすべて自作ですが、それがどれだけ大変か、ということに直面しました」

——宝塚はヘアメイクはすべてご自身でされるんですよね。

「研究しますね。仕上がりがよくないと、すれ違う上級生に"ちょっと待って！"と呼び止められ、具体的なアドバイスをしていただきます。私は色白じゃないので、時間が経つとくすんでしまって。陽月華さんに、粉をピンクにすると持つよ、と教えていただきましたね。遠野あすかさんには地色の配合を」

——一緒にお芝居したり、踊る男役に合わせて作り込むこともありますよね？

「そうです。デュエットダンスを踊るときは、稽古で鏡で見てヒールの高さ、その場合のヘアスタイルの高さを考えます。宝塚の娘役は男役さんと並んだときの美しさが大事だと思うので、ひとりよがりで作ってしまうと、品と礼儀のない娘役になってしまう。そのために自分のことをよく知っておくことも必要ですね」

——宝塚も見慣れてくると、娘役さんの髪飾りがそれぞれ違うことに気付いて、そちらも目の保養になります。

「そう言ってくださるとすごく嬉しいです。私のファンの方も、鬘や髪飾りも楽しみにしてくださっていた方が多く。最後の公演は、日替わりにできるよう付け方の工夫もしていました」

——不器用な人に娘役は難しい？

「私はすごく不器用です（笑）。でも、入っ

Profile

かよう・きらり／元花組娘役スター、愛称は「きらり」「ゆうこ」。2002年、88期生として宝塚歌劇団入団。2008年バウ公演『蒼いくちづけ』で初ヒロイン。2014年バウ公演『ノクターン─遠い夏の日の記憶─』でヒロイン。2015年退団。

たからにはきっちりやらねば、と。上級生に教えていただきながら、気付くと楽しんでいる自分がいました。最終的には東急ハンズやLOFTに入り浸って、工芸の域でした」

——憧れから実際、娘役になってみて、その魅力とは何だと思いましたか？

「宝塚は男役さんあってこその世界。娘役はご一緒する男役さんをいかにカッコよく見せることができるか。それが自身のやりがいにもなります。たとえ1シーンだけ組む男役さんだとしても、その瞬間、いかにステキなカップルであるか。それを心がけて舞台に立っていました。そのやりがいに気付いたときに、娘役の伸びしろを感じて。こんな楽しい職業はないなと実感しましたね。そんな娘役であることの喜びを知った後に宝塚を卒業できて、よかったです」

た行

【 た行の言葉 】

大休憩／退団者挨拶／宝塚大橋／宝塚音楽学校／TAKARAZUKA SKY STAGE／宝塚ソング／タコ足／立ち見／着到板／チョンパ／使い回し／ディナーショー／東京すみれ会館／特別出演／胴ぶとん／床山さん etc.

大休憩
【だいきゅうけい】

2回公演がある日の1公演目と2公演目の間。公演会場や開演時間によるが、時間はだいたい1〜2時間。衣装替え、化粧替え（合間にお風呂に入る人もいる）などで忙しいはずだが、そこで余興も行われていると聞けばその愉快さに親近感もわく。

退団
【たいだん】

劇団を辞めること。「卒業」「サヨナラ」ともいう。どの生徒の退団もファンにとっては衝撃だが、やはり、トップスターの退団は一大ニュース。近年トップスターの退団は、退団公演の前の公演の宝塚の千秋楽から東京の初日までの間、または東京の千秋楽後の数日以内に公式ホームページで発表されることが多く、千秋楽後も気が抜けない。しかし実は、演目が発表された時点で「好きな演出家とのタッグ、もしや……」「このショーのタイトル、もしや……」と退団を連想させるものを見つけ、ファンはなんとなく覚悟できている。が、千秋楽明けまでただひたすらそれが思い過ごしであることを祈っている。同じ公演で退団する生徒のことを「退団同期」といい、退団後も学年を越えて仲良くしている姿はほほえましい。

退団者挨拶
【たいだんしゃあいさつ】

退団者がサヨナラ公演の千秋楽後に行う最後の挨拶。劇団やスタッフ、組子、同期、家族、ファンへ感謝を述べることが多い。衣装は黒紋付に緑の袴。男役トップスターのみ黒燕尾の場合もあるが（自分で選ぶ）、2015年に退団した凰稀かなめは、宝塚大劇場の楽でまさかの白軍服で登場、ファンを沸かせた。組長に名前を呼ばれ、大階段もしくは舞台袖から組子が待つ舞台へ出てきて、組からと同期から1つずつ『退団者ブーケ』をもらい、手元で合わせて1つに。このブーケは生花と造花のどちらもある。片手で持つにはかなり重く、最後に客席に向かって手を振るのはけっこうつらい（らしい）。

ザ・ショー・ストッパー　　With a Song in my Heart　　エリザベート　　バビロン　　満天星大夜總会
（'02／宙）　　　　　　　（'02／月）　　　　　　　（'02／花）　　（'02／星）　　（'03／宙）
　　　　　　　　　　　　　　　　　　　　　　　　　（'05／月）

退団者のお知らせ

【たいだんしゃのおしらせ】

生徒の退団が決まると公式ホームページで第一報が知らされる。トップスター以外はだいたい退団する公演の集合日に発表され、何よりファンが恐れているニュースである。タイトルを見て恐る恐る詳細ページを開くと誰がどの公演で退団するかが記載されている。贔屓でなければ、ホッと胸をなでおろし安堵しつつもこみあげてくるのはやはり寂しさ。しばらくの間思い出に浸る。

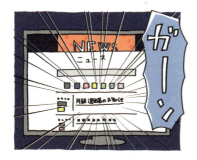

大地真央

【だいちまお】

1973年入団。59期生。愛称は「真央」「マミ」。月組に配属。これまでにない自然な芝居とアイドル的なルックスで人気を誇り、1982年『愛限りなく／情熱のバルセロナ』で月組トップスターに就任。相手役は黒木瞳。1985年『二都物語／ヒート・ウエーブ』で黒木と共に退団。年齢を超越した美しさを持ち、彼女がテレビに映っていると時空の歪みを感じてしまう。

代表

【だいひょう】

会（劇団非公式の私設ファンクラブ）のトップ。指揮官。生徒から任命されたり、「私が会を立ち上げます！」と立候補したり、ファン同士で話し合って決めたりと代表のなり方はさまざま。以前他の会の代表をしていた人がその生徒の卒業後に別の会の代表になることもあり、ベテランも多い。いわば個人マネージャーのようなもの。トップスターの会ともなれば、抱えているスタッフも多く、仕事は多岐に渡る。

代役

【だいやく】

本役が何らかの理由により休まざるを得ないときに代わりに演じる人。休演者が出てもその日に出演する生徒だけでその舞台を乗り切ってしまうのが宝塚のすごいところ。代役は香盤発表時に一緒に発表されており、機会は来ないかもしれない代役であっても生徒は準備をしている。『エリザベート』（'96／雪）

Joyful!!① ('03／雪) 　　Joyful!!② ('03／雪) 　　シニョール ドン・ファン ('03／月)

などでは代役だけで通し稽古も行われる。基本的に、自分の本役より比重の高い役になるため、代役をする人にはまたとないチャンスである。事実、2002年『エリザベート』（花）でトップ娘役大鳥れいが休演した際に代役をした遠野あすか（新人公演主演）は見事に演じ切り、パレードではその日一番の拍手を浴びた。代役は映像には残らないことが多く、不謹慎ながら、遭遇できればファンにとってはラッキーである。珍しい例として、『るろうに剣心』（'16／雪）新人公演で出演者が出てしまい、本役の久城あすが代役をした。この『るろうに剣心』の大劇場公演は、生徒の間でインフルエンザが大流行したらしく、次々と休演が発表。下級生にいたるまで代役の嵐で、てんやわんやの公演だった。

貴城けい

【たかしろけい】

1992年入団。78期生。愛称「かしげ」。雪組に配属。2006年宙組に組替え、トップスターに就任。相手役は紫城るい。同年『維新回天・竜馬伝！／ザ・クラシック』で大劇場お披露目。2007年同東京公演で紫城と同時退団。ノーブルな雰囲気はまさに貴公子。日本物の雪組出身らしく、日本物にも定評があった。平安時代の烏帽子をかぶらせたら他の追随を許さない似合いっぷり。

高嶺ふぶき

【たかねふぶき】

1983年入団。69期生。愛称「ユキ」。雪組に配属。1996年雪組トップスターに就任。相手役は花總まり。同年『虹のナターシャ／La Jeunesse!』で大劇場お披露目。1997年『仮面のロマネスク／ゴールデン・デイズ』で退団。独特の色っぽさがあり、退団公演のヴァルモン男爵はすみれコードすれすれ。初観劇だった紅ゆずるが「本当にこれ観ていいの」と客席でドキドキしたと語っている。『ヴァレンチノ』（'92）のナターシャ役など女役も美しかった。

たかばな

【たかはな】

和央ようかと花總まりの元宙組トップコンビ。2人とも抜群のスタイルを誇り、その並びの麗しさは天下一品。実力も素晴らしくゴールデンコンビといわれた。サヨナラショーは異例のスカイステージ生中継。退団挨拶で花總は和央のファンにも感謝を示していた。退団後も共演が続いたがしばらくご無沙汰しており、100周年記念式典では並ぶかも!?　と期待されたが、数々の懐かしいコンビが復活する中、残念ながら2人の並びを拝むことはできなかった。伝説のコンビをいつか舞台で……いやSNSでいい！　顔を寄せ合った2ショット写真が載る日を熱望している。

タカラジェンヌ
【たからじぇんぬ】

劇団の生徒のこと。白井鐵造がつけた愛称が今では定着した。当時世間には不本意にも「ヅカガール」という呼び方が広まってしまい、それを変えたくてオシャレなパリ娘を表す「パリジェンヌ」のイメージから「タカラジェンヌ」と呼ぶようにした。略して「ジェンヌ」「ジェンヌさん」となった。スミレコードに守られた「夢を売るフェアリー」である。

宝塚
【たからづか】

兵庫県南東部に位置する宝塚市。一時、伊丹市や川西市などとの合併話があり、宝塚歌劇団が宝塚市でなくなるという危機があった（が、現在は凍結）。一般に「宝塚」といえば劇団を指すことが多い。ちなみに、宝塚市は「塚」と書き、点が入る。

宝塚アン
【たからづかあん】

株式会社アンが運営する、宝塚をはじめとしたミュージカル関連商品の販売をしている店。中古品の買い取り・販売も行っているため、絶版になってしまった商品を探したり、すでにキャトルにはない過去のものを探すならまずはココ。贔屓の下級生時代の記事を探すときはもちろん、今はもういない卒業生にスカイステージなどで突然恋に落ちたときにも、宝塚アンは強い味方となってくれる。

宝塚大橋
【たからづかおおはし】

武庫川に架かり、噴水・彫刻・花壇・ベンチもある公園のような橋。そして橋の向こうには大劇場。普通に音楽学校生やタカラジェンヌとすれ違い「ここは本拠地なんだな」と実感できる、ファンにとっては夢の橋である。

宝塚おとめ
【たからづかおとめ】

近年のイチオシの表紙は、意外な赤い背景と白着物、ダークな半衿でシャープにキメてくれた2011年度版！

毎年新年度に発売される生徒名鑑。オールカラー。B5版。専科、花、月、雪、星、宙の順に組ごとに紹介。誕生日や出身地、出身校など基本的な情報に加え愛称も掲載。まずはこれをチェックしないとファン同士の会話についていけない。「好きだった役」→「今までいただいた役全て」、「芸名の由来または名づけ親」→「家族で考えました」「尊敬する方につけていただきました」と一時期はこのオンパレードで、「確かにそうだろうけれども、その奥にあるエピソードを知りたいんだよね！」ともどかしさを感じることもしばしばだった。が、最近は、同じ組の同期全員が「好きな食べ物」に同じものを書いていたり、書かれている内容が毎年ちょっとずつ変わっていったりと生徒もおとめを楽しんでいる感がある。また、化粧法や顔の形が少しずつ変わる（上級生になると皆、シュッとしてくる）ので、宝塚ファンたるもの、毎年購入は必須である。好きになったあの人のかわいい下級生時代を確認するためにも、である。ファンでないときは「何だ、これ？」と思っていたのに、ファンになるとこんなに面白い本は他にない。また、宝塚全体に詳しいファンを「歩くおとめ」という。

宝塚音楽学校
【たからづかおんがくがっこう】

宝塚歌劇団に入るために通う学校であり、ここを卒業しないと劇団には入れない。校舎は劇団に隣接する。予科1年本科1年の合計2年間通う。校訓である「清く正しく美しく」に則り、音楽・舞踏・演劇だけではなく、舞台人としての心得や礼儀作法も身につける。前身は「宝塚音楽歌劇学校」「宝塚音楽舞踊学校」。中学3年生から高校3年生までしか受験ができず、チャンスは最大4回。合格発表は毎年地上波のニュースでも放送されお茶の間の涙を誘う。

校章

宝塚歌劇団
【だからづかかげきだん】

独身の女性のみで歌劇を上演する劇団。花組、月組、雪組、星組、宙組、そして専科で構成されている。2014年に100周年を迎えた。俗称「ヅカ」。その沼は深い。

宝塚歌劇の殿堂
【たからづかかげきのでんどう】

宝塚歌劇100周年を記念して、前身の「プチ・ミュージアム」からリニューアル2014年大劇場内にオープン。2階の殿堂ゾーンには卒業生・スタッフから"殿堂入り"した方々の紹介やゆかりの品の展示、3階の企画展ゾーン・現在の宝塚歌劇ゾーンには、そのときの企画、また最近の公演で使用した衣

装・小道具・写真などを展示。大階段をイメージしたセットを背景に背負い羽根を背負って記念撮影もできる。羽根はレプリカだが、手にできるシャンシャンは実際に公演で使われていたもの。雲の上の人と同じものを実際に手に取れるめったにないチャンスが入館料500円とはなんとリーズナブル！

宝塚歌劇100周年夢の祭典『時を奏でるスミレの花たち』

【たからづかかげきひゃくしゅうねんゆめのさいてん『ときをかなでるすみれのはなたち』】

宝塚歌劇の100周年を記念して2014年4月4日と6日に計3公演、大劇場で開催された式典。東京宝塚劇場やバウ及び全国の映画館でライブ中継が行われた。時代を築いたトップスターが日替わりで出演し、変わらぬ歌声を披露。右を向いても左を向いてもスター、楽屋はすごいことになっていたらしい。ここ20年くらいのトップスターはもはやひよっこ。10分ほどのトークのために出演した娘役トップスターも多かった。司会進行は真矢みき。4月4日の公演はOGたちのトークに花が咲きすぎて終演時間が1時間以上延びてしまい、次の公演から真矢がストップウォッ

チを持たされることに。とはいえ、下級生の話は止められても、真矢より上級生の話は止められず、鳳蘭が気をきかせて、話をまとめたこともあった。

宝塚GRAPH

【たからづかぐらふ】

AB版なので正方形に近い

宝塚歌劇団の機関誌。毎月20日発売。1936年に創刊された『宝塚グラフ』が1998年に『宝塚GRAPH』となった。『歌劇』が読み物メインなのに対して、舞台写真やおしゃれなポートレイトが多い。

宝塚クリエイティブアーツ（TCA）

【たからづかくりえいてぃぶあーつ】

兵庫県宝塚市の会社であり、阪急電鉄の子会社。宝塚のDVDや機関誌の出版、動画や音楽の配信、スカイステージ、キャトルレーヴ、宝塚歌劇オーケストラの運営等々、気付けば日頃お世話になりっぱなしである。

お世話になっております。

TAKARAZUKA SKY STAGE

【たからづか　すかいすてーじ】

いつもありがとうございます。

2002年に開局したCS放送局の宝塚歌劇専門チャンネル。略して「スカイステージ」「スカステ」。数々の舞台映像はもちろん、チケットが全然手に入らない千秋楽やサヨナラショー、退団者挨拶も見られるようになった。舞台映像はスカイステージオリジナル収録もあり、公式DVDには映っていなかったあのシーンがめでたく映っていることもある。稽古場風景も見られるようになり喜ぶファンも多いが、『歌劇』の小さな白黒写真で想像を膨らませていた頃からのファンは少し寂しさを感じている。生徒の素顔に迫ったオリジナル番組も多く、いつ見ても宝塚しか放送していない夢のチャンネル。衛星放送内上位を争う視聴料もなんのその。スカイステージばかり見るようになり、その他のテレビ番組にとんと疎くなるのもお構いなしである。

タカラヅカスペシャル

【たからづかすぺしゃる】

毎年年末に各組のスターが勢ぞろいして行う祭典。「TCAスペシャル」ともいう。組を越えての共演を観られるこの「タカスペ」は、同期同士のからみも楽しみ。宝塚ではおなじみの歌や懐かしの名曲をスターが次々歌い継いで行くのは他のどの公演でも観られない贅沢さ。組ごとの一年分の公演を詰め込んだパロディコーナーを行うこともある。

TAKARAZUKA 1000days劇場

【たからづかせんでいずげきじょう】

1934年から頑張っていた東京宝塚劇場が1997年建て替えのために閉館。1998年から2001年に現在の東京宝塚劇場が開場するまでの約1000日間東京での公演を行った仮設の劇場。一階席のみで銀橋や盆はあったが、セリやオケボックスがなく演奏は録音。椅子の幅が狭くて固かったり妙に座面が高かったりと正直あまり座り心地がよくなく、早く1000日過ぎないかなと思ったファンも。でも、東京で5組体制の通年公演が行われるようになった記念すべき劇場であり、いざお別れするとなると寂しさもあった。

レヴュー誕生
('03／花)

王家に捧ぐ歌
('03／星)

レ・コラージュ
('03／雪)

テンプテーション！
('03／宙)

薔薇の封印
('03／月)

宝塚ソング
【たからづかそんぐ】

宝塚に数多く存在する宝塚をほめたたえる歌。タイトルではどんな歌なのか思いつかなくても、歌い出しやサビを聞けば、歌えてしまうものである（答えは170ページ）。

つないでみよう！

タイトル	歌詞一部
ああ宝塚 わが宝塚 ★	♥ 私は夢を売るフェアリー
この愛よ永遠に ★	♥ あなたも あなたも あなたも
タカラジェンヌに栄光あれ ★	♥ ハローとうたえば見えるよ
TAKARAZUKAオーレ ★	♥ この道は この道は
タカラヅカグローリー ★	♥ OH DREAM 人は夢見る
パレード宝塚 ★	♥ シャンテ シャンテ シャンテダムール
ハロー宝塚 ★	♥ 魔法の小箱から
ボンジュール宝塚 ★	♥ タカラジェンヌの まなざしは

アプローズ・タカラヅカ！
('04／花)

タカラヅカ絢爛
('04／星)

タカラヅカ・グローリー！
('04／雪)

90期生初舞台

タカラヅカ・グローリー！
(90人のラインダンス)
('04／雪)

ファントム
('04／宙)

宝塚大運動会

【たからづかだいうんどうかい】

10年に一度催される一大イベント。歌劇団と音楽学校の全生徒が参加する。各組ごとの豪華な入場行進〜選手宣誓から始まり、徒競走、玉入れ、大玉ころがし、綱引きなどが行われる。異様に燃えるタカラジェンヌとこの日ばかりは掛け声OKの客席が一体となって盛りあがる。一度は生で観てみたいもの。地上波のニュースやワイドショーでも扱われる。

宝塚大劇場
【たからづかだいげきじょう】

我らが宝塚の本拠地。パラダイス劇場の初演から10年、1924年に完成し、1992年12月に老朽化により幕を閉じたのが旧・大劇場。現在の大劇場は1993年1月開場。座席数2,550席。2017年現在公演数は年間9公演。土産物が売っていたり、喫茶・軽食・レストランがあったりと、まるで小さな町。聖地でありパワースポットでもある。女性客が大多数なだけあって、女子トイレの数はどこにも負けない。しかしこんなにもパリ、パリと言っている宝塚だが、建物は「赤茶色のスペイン風瓦屋根にスタッコ外壁、南欧風の洗練された外観」である。

立派な門がお出迎え

宝塚男子部
【たからづかだんしぶ】

1919年8名の男子生徒が入団したが一年も経たずに解散。1945年以降も第4期生までが入学したが、1954年解散となった。「女性だけの劇団」というのが宝塚最大の特徴であり、ファンや周囲の目は厳しく、本公演で舞台に立つことはなかった。この男子部の物語は2007年『宝塚BOYS』として外部で舞台化されている（その後、2008年、2010年、2013年に再演）。

宝塚友の会
【たからづかとものかい】

宝塚歌劇唯一の公式な会員組織。チケットの会員先行販売や会員限定のトークイベントがある。人気公演はなかなか当ててくれない、手厳しい友である。「チケットをご用意できませんでした」というムチには、いつか飴がもらえると思って耐え忍びたい。

タカラヅカニュース
【たからづかにゅーす】

スカイステージで一日4回放送されているニュース。初日や千秋楽の舞台映像、稽古場の様子など、最新情報がいち早く見られる。時事ネタ以外にもヒマネタが盛り込まれていて見逃せない。週末には総集編（日曜のみ3回放送）も放送される。

宝塚バウホール

【たからづかばうほーる】

1978年誕生。座席数526席。バウ（bow・英語）は船のヘサキのことで、新しい時代への先駆けとなるようにとつけられた。若手スターを起用することが多いため、バウでの主演はスターへの登竜門である。音楽学校の卒業公演で使われることもあり生徒には思い出深い劇場である。

宝塚ファミリーランド

【たからづかふぁみりーらんど】

花の道の北側にあった遊園地兼動物園。もともと大劇場は宝塚ファミリーランドの前身である宝塚新温泉の一部。だが、旧宝塚大劇場の時代は、歌劇のチケット代にファミリーランドの入園料は含まれていなかった。現在の宝塚大劇場の時代になって、歌劇のチケットに入園料が含まれるようになった。2003年阪急電鉄が遊園地事業から完全撤退することになり営業終了。

宝塚プルミエール

【たからづかぷるみえーる】

WOWOWで放送されている番組。『宝塚への招待』が舞台映像であるのに対しこちらは宝塚の最新情報がメイン。最近はナレーターに元トップスターを起用している。紹介される公演のトップスターは毎回出るが、二番手や三番手、娘役など他のゲストは公演ごとに異なる。『ジェンヌに聞いて！○と×』など、繰り返して放映されるコーナーも。「似ているジェンヌはいる？」「笑い上戸？」「舞台で失敗する夢を見る？」など、あまり踏み込まない質問が多いがそれもまた微笑ましい。

宝塚への招待

【たからづかへのしょうたい】

WOWOWで放送されている番組。宝塚の舞台映像を放送している。スカイステージができる前はオリジナル映像も多かったが、今は基本的に販売DVDと同じものを放送している。しかし、映像が何しろ美しく、ファンには嬉しいところ。

宝塚ホテル

【たからづかほてる】

1926年にオープンした宝塚大劇場近くのホテル。最寄りは宝塚南口駅。略して「タカホ」。2009年より大劇場オフィシャルホテルとなり、関連グッズの販売、館内ロビーで歌劇関連の展示、全室スカイステージ放送を行っている。チケットを手配してくれるプランもある。生徒のイベントやディナーショー、コンサートも行う。宝塚GRAPHなどの撮影が行われることも多くそこかしこに生徒の痕跡が見られ、宝塚ファンにとっては聖地のひとつ。ばったり下級生を見かけることもよくある。2016年移転新築が発表された。新し

いものは2020年開業予定で、それまでは今の場所で営業する。

匠ひびき

【たくみひびき】

1987年入団。73期生。愛称はチャリ（＝自転車）で通っていたことから「チャーリー」。花組に配属。2000年専科に異動したが、2001年花組に組替え、11月トップスターに就任。相手役は大鳥れい。2002年『琥珀色の雨にぬれて／Cocktail』がお披露目であり退団公演。しかし、東京公演を休演。春野寿美礼がほぼ全日程を務めた。東京千秋楽前の数日間だけショーのみ復帰。サヨナラショーも支えられながらの登場だった。お披露目＆サヨナラ公演での休演も悲しいが、得意のダンスも思うように踊れず、涙、涙だった。

タコ足

【たこあし】

ダルマの裾にリボン状やひも状のものがついた衣装。タコ足ダルマとも。リボン部分に絡まりそうになりながら見え隠れする足さばきにはつい見入ってしまう。娘役のタコ足はもちろん美しいが、スタイル優等生の男役のタコ足は倒錯的な意味合いもあり、オペラ泥棒である。

『アーサー王』→
タコ足じゃないけどまるでタコだったベルト

タカラヅカ絢爛II
（'04／月）

TAKARAZUKA舞夢！
（'04／花）

ロマンチカ宝塚'04
（'04／星）

タカラヅカ・ドリーム・キングダム
（'04／雪）

立ち見

【たちみ】

最後列で立って観劇すること。宝塚大劇場は1階最後列、東京宝塚劇場は2階最後列が立ち見席。また、赤坂ACTシアターも1階最後列で立ち見ができる。基本、前売りはなく当日チケットカウンターで先着順に発売され、全ての座席券が売り切れた場合に限り立ち見が出る。前売りされる立ち見券は千秋楽、新人公演、サヨナラショー実施公演。とりわけ、トップスターの大千秋楽は前日の電話予約で販売されることが多く、それまでにチケットを手に入れられなかった人にとっては最後のチャンスとなる。約3時間立ちっぱなしにはなるが大劇場は2,500円、東京は1,500円とお財布に優しいので、何度でも観たいというファンの支持を得ている。学生時代に立ち見で通ったという生徒の話を聞くと特に応援したくなってしまう。

t.a.p　タップ

【たっぷ】

1996年に当時研1だった82期の男役4人、速水リキ（花）、月船さらら（月）、華宮あいり（雪）、月丘七央（星）で結成されたグループ。takarazuka angel projectの略。LIONのシャンプー「Hair」のCMなどに出演。デビューCD『Angel's COMING』はCMでも使われ、スカイステージがない時代に突如お茶の間に流れる宝塚には興奮したが、何せまだ研1のため宝塚っぽさや男役っぽさはあまりなかった。97年のCM第2弾には、娘役4人（沢樹くるみ（花）、西條三恵（月）、紺野まひる（雪）、斐貴きら（星））が参加。98年のCMには83期の彩乃かなみ（花）が参加。CM以外の目立った活動はないままフェードアウトし、男役トップスターは生まれなかった。

谷貴矢

【たにたかや】

劇団所属の演出家。『アイラブアインシュタイン』（'16／花）でバウデビュー。「ダメ出しならぬ"ホメ出し"がうまい」とは同公演主演の瀬戸かずやの弁。

谷正純

【たにまさすみ】

劇団所属の演出家。1979年入団。『EL DORADO』（'97／月）や『望郷は海を越えて』（'00／宙）などの影響か、「何だか今回死ぬ人が多いな〜」と思うと谷先生の作品だったり、外の作品でも人が多く倒れると「この演出家は谷先生の知り合いなのか」と疑ったりしていたが、近年は死なない方向にシフトしている印象がある。古典落語をモチーフにした人情喜劇『くらわんか』（'05／花）は2007年松井誠主演で外部上演された。他に『ミケラン

レヴュー伝説　エンター・ザ・レビュー　ソウル・オブ・シバ!!　ワンダーランド　ネオ・ヴォヤージュ
（'05／宙）　　（'05／花）　　　　（'05／星）　　　　（'05／雪）　　　（'05／宙）

ジェロ』('01／花)、『こうもり』('16／星)
など。『ベルサイユのばら』の演出も手掛け
ている。

Wトリオ

【だぶるとりお】

パレードで階段を降りた後に上手と下手で3
人ずつでコーラスをしている人たちのこと。
上手にトリオ、下手にトリオ、2組のトリオ
がいるのでWトリオとなる。まずはこのW
トリオに入るのが目標という生徒は多い。ま
た、過去の公演をDVDやスカイステージ
などで見ていると、大スターの若かりし頃に遭
遇することもよくある。

ダブルライン

【だぶるらいん】

目を大きく見せる効果のあるメイク方法のひ
とつで、まぶたに入れるラインのこと。紫、
ピンク、水色辺りで入れるとグッと宝塚っぽ
くなる。以前はダブルラインはかならず入っ
ているものだったが、最近は薄めの化粧でダ

ブルラインをしっかり入れないナチュラルメ
イクの人もいる。

珠城りょう

【たまきりょう】

2006年入団。94期生。愛称は「りょう」「た
まきち」。月組に配属。5回の新人公演主演、
2回の別箱主演を経て、2016年トップスター
に就任。相手役は愛希れいか。2017年『グ
ランドホテル／カルーセル輪舞曲』で大劇場
お披露目。男役として恵まれた体軀とセン
ターとしての座りのよさで早くから抜擢。研9
でのトップ就任は天海祐希の研7以来23年
ぶり、平成に入ってからは天海祐希に次ぐ早
さである。骨太かつ律儀な演技力が魅力。まじ
めすぎるほどまじめな言動がかえって面白い。

ダルマ

【だるま】

ワンピース型の水着のような衣装。手足のな
いダルマにちなんでそう呼ばれるようになっ

た。ロケットで使われることが多いが、ロケットを卒業した男役上級生のダルマ姿は希少価値も高い。普段胴布団やズボンに隠されていた体のラインや鍛えられた脚線美は、娘役とは違う色っぽさにあふれており、見てはいけないものを見てしまったような気持ちになる。が、いやこの美しさを見逃すものかとガン見。ロケットの衣装には伸びる素材とそうではない素材があり、前者のほうがありがたいのかと思いきやぽっちゃり生徒には柄が伸びて厳しそう。昔々の映像を見ると「ガチ水着」な衣装もあり、ちょっとびっくりする。

短靴

【たんぐつ】

男役が舞台で履く、足首までの丈の短い靴。主にブーツか短靴を履いているので、ブーツではないほう。通常でヒールは7センチほど。背の低い男役の場合、もっと高いヒールの場合もある。その靴であれだけ激しく踊るとは。おそれいりました！

炭酸せんべい

【たんさんせんべい】

城崎温泉、有馬温泉、宝塚温泉の名産で、円形で薄く、軽く、型で焼き上げて凹凸の模様が描かれている。温泉水を利用しており、いわゆる「バリバリ」固い煎餅ではなく、もっと軽いお菓子のため果てしなく食べられる。劇場のおみやげとして販売しているものは「歌劇せんべい」といわれ、トップスターの写真が入れ物である丸缶にプリントされたものが人気だった。2016年夏頃からトップスターの写真入り缶は販売が休止している。

タンバリン芸人

【たんばりんげいにん】

すでに世界で活躍しているゴンゾーさんが有名だが、宝塚でタンバリンといえば天真みちるのこと。キレッキレのタンバリン芸は地上波番組『SMAP×SMAP』で披露済み。

檀れい

【だんれい】

1992年入団。78期生。愛称「だん」。月組配属後、雪組に組替え。1998年『浅茅が宿』研7で新人公演ヒロインに抜擢（宝塚でのこの新人公演は途中、落雷停電に伴い20分間中断された）。1999年月組トップ娘役に就任。相手役は真琴つばさ。入団時の成績が40人中40位なことを考えれば異例の抜擢だが、その美しさは真琴に「歌や踊りは努力でうまくなるけれど見た目のきれいさはどんなに努力してもなれない。だから自信を持ちなさい」と言わせたほどで、専科異動後の中国公演では「楊貴妃の再来」と絶賛された。2001年真琴の退団と同時に専科へ異動。2003年湖月わたるの相手役として星組トップ娘役に就任。お披露目公演の『王家に捧ぐ歌』（'03）では、月組トップお披露目公演『うたかたの恋』（'99）での無邪気でかわいいマリーからは想像もできないほどの、気品と迫力があふれるエジプト王女・アムネリスを見せてくれた。また『花舞う長安』（'04）では実際に楊貴妃を演じた。2005年『長崎しぐれ坂／ソウル・オブ・シバ！』で退団。

ちえねね

【ちえねね】

星組トップスター柚希礼音と娘役トップスター夢咲ねねのコンビ。それぞれのファンも多かった2人だが、このコンビを愛するファンも多かった。2008年シアタードラマシティ公演『ブエノスアイレスの風』で初めてコンビを組み、2009年『太王四神記』でトップコンビとして大劇場お披露目。それ以降、2015年に退団するまで星組を、そして宝塚100周年をけん引した。どちらも「大型スター」「大型娘役」（背が高いというだけでなく）という名にふさわしい「華」のあるスターで、そのきらめきが重なる様が魅力だった。

着到板

【ちゃくとうばん】

劇場の楽屋口などにある出演者の名前が書かれた小さな板で、中にいるかいないかを示す。

中詰め

【ちゅうづめ】

ショーの中盤、盛り上がる場面。ほぼ全生徒が出演し銀橋にスターが勢ぞろいする。近年では客席降りも多い。下のほうの番手のスターが歌いながら銀橋を渡ると、その上の番手のスターが入れ替わるように銀橋を渡り、そしてまた上に、また上に、と次々に登場する。めくるめくスターの洪水にドギマギしているうちに気付いたら舞台の上にも生徒が勢ぞろい。ここで「待ってました」とばかりにトップスターが登場し盛り上がるパターンは何度観ても飽きない。何ならパレードまでこのままの勢いで続けて欲しいくらい、舞台と客席が一体となる、華やかで楽しく嬉しい瞬間である。

中日劇場
【ちゅうにちげきじょう】

名古屋市の中日ビル9階にある劇場。宝塚は毎年2月に1ヶ月弱の公演を行っている。中日劇場の入り待ち出待ちは1階ホールで行われるが、吹き抜けになった2階からその様子が見渡せ、スターたちがファンとたわむれている様子を眺められるのはひそかな楽しみ。2019年中日ビルの建て替えと共に閉館予定。

チョンパ
【ちょんぱ】

暗い舞台で拍子木を「チョン」と打つと同時に「パッ」と舞台上に照明が入ること。主に日本物の演出の手法。舞台上にはきらびやかなセットと豪華な衣装をまとった生徒が勢ぞろいして、「これぞ宝塚」。目がつぶれるかと思うくらいの華やかさと豪華さに、わぁっと歓声や拍手が起こる。

ヅカ
【づか】

宝塚歌劇の俗称。中の人は（表向きには）使わない。

使い回し
【つかいまわし】

別の公演で使った衣装を他の演目でも使うこと。衣装が見どころでもある宝塚の舞台で、見覚えのあるものが出てくるのは寂しさもあるが、自分もそれに気付くだけたくさんの舞台を観てきたのだと感慨深い気持ちもある。ものによっては、20年近く着回すこともあり、「お衣装部の物持ちのよさ」を感じる。また、小さい生徒が着ていたものを大きい生徒が着回していると、「お衣装部の底力」を感じる。ただ、『ファントム』（'04／宙）で安蘭けいの役を十輝いりすが新人公演で演じたときは、さすがのお衣装部も直すことはできず、違う

衣装を着ていた。衣装には歴代使用者の名前が記されており、生徒でも「あの方と同じ衣装を着られるなんて！」と興奮するそう。

月組
【つきぐみ】

1921年から公演を2部制にするために花組と共に誕生した組。カラーは黄色。『芝居の月組』と呼ばれることも。海外ミュージカルを数多く初演している。宝塚の伝統を守りつつも、ファッショナブルで何か都会的な香りがする組である。特技は「アフロ」。近年は「月組ジャンプ」も定着してきている。

月組ジャンプ
【つきぐみじゃんぷ】

月組が千秋楽終わりの挨拶の際に行う恒例行事。トップスターもしくは退団者、時には組

117

長の指揮のもと、掛け声と共に会場全員がジャンプ。榎登也が2009年退団の際に「ジャンプをしたい」と言い出したことがキッカケとなり、今も続いている。掛け声は「月組、万歳！」「月組、最高！」など。龍真咲退団時は「龍真咲、最高！」など、いろいろ使いまわせる様子。

剣幸

【つるぎみゆき】

1974年入団。60期生。愛称「ウタコ」。月組に配属。1985年月組トップスターに就任。相手役はこだま愛。同年『ときめきの花の伝説／ザ・スイング』で大劇場お披露目。『ME AND MY GIRL』('87)が大ヒットし、宝塚としては異例の1年間連続上演。1990年『川霧の橋／ル・ポァゾン 愛の媚薬』にてこだまと同時退団。演技巧者なことに加えて、舞台から伝わる温かさが魅力だった。あるとき、相手役のこだまが舞台でカツラを落とし、拾ったカツラを右手に持ったり左手に持ったりしていたが、とうとう剣に手渡した。終演後、謝りに行ったこだまに「なんでもっと早く渡さなかったの」。お人柄がわかるエピソードである。

ディナーショー

【でぃなーしょー】

ホテルで食事とショーを楽しむもの。略して「DS」。トップスター、路線、別格の生徒が他の生徒（だいたい4人程度）と一緒に、ひとつのホテルで1～2日（2～4公演）行う。トップスターや二番手スターなどは東西で行われるが、関西だけの場合も多い。食事の後に約1時間のショーがつく。通常公演と違い、演出家に歌いたい曲を話して作ってもらえるので、その時期のその人となりが出る。客席巡りはDSの醍醐味であり、劇場の客席降りの通路側よりもグッと近い。ホテルという場所やS席3回分くらいの価格は敷居が高く感じるが、東西で全部観ても5～6回と回数が少なく、スターとの距離も近いのでたいていはチケット難である。いつもよりおしゃれして豪華な食事をいただき、宝塚という非日常にさらに輪をかけた非日常が満喫できる機会であり、中村一徳が「ディナーショーでは心の豊かさを感じて欲しい」とおっしゃるのにもうなずける。しかし、客席巡りの際映像に映り込む可能性が高く、後日のスカイステ

REVUE OF DREAMS ('05/月) ／ ASIAN WINDS！ ('05/花) ／ ベルサイユのばら ―フェルゼンとマリー・アントワネット編― ('06/星) ／ ベルサイユのばら ―オスカル編― ('06/雪) ／ NEVER SAY GOODBYE ('06/宙)　92期生初舞台

ージ放送で夢の世界にうつつを抜かす自分の姿があのスターと一緒に映ってしまうことも。その姿はなんとも耐えがたく、まるで贅沢をしてしまった天罰のようでもある。

出・出待ち
【で・でまち】

お稽古や公演終わりの生徒が楽屋から出てくるのを待つこと。楽屋口で会ごとに決まった場所で会服を着てスタンバイする。公演終わりに余韻に浸る間もなく駆け出して行く人はおそらく出待ちに向かっているのだが、他の劇場ではあまり見られないその様子に、仕組みを知らないと何事かと思ってしまう。

デュエットダンス
【でゅえっとだんす】

男役と娘役がペアになって踊るダンス。それはボレロであったりタンゴであったり黒塗り

のラテンであったりさまざま。トップコンビのデュエットダンスはそのコンビの特徴がよく伝わってくる。男役の色気を漂わせつつ、スッと力の抜けた美学が息づく。宝塚の歴史の中で受け継がれ、今も進化を続けるデュエットダンス。男役がカッコよく見えるのも、しなやかに寄り添いさらに素敵に見せる技を持つ娘役がいればこそ。そのコンビネーションが客席を虜にしてやまない。

寺田瀧雄
【てらだたきお】

劇団専属の作曲家として活躍。『愛あればこそ』、『青きドナウの岸辺』、『夜明けの序曲』、『うたかたの恋』など、すぐに浮かぶあの歌この歌を作曲された先生である。

同期・同期生
【どうき・どうきせい】

同じ年に音楽学校に入学し苦楽を共にすべてをわかちあってきた同級生。一般的な「同級生」「会社の同期」と意味はほぼ同じだが、

レ・ビジュー・ブリアン ('06／月)　ファントム ('06／花)　ネオ・ダンディズム！ ('06／星)　タランテラ！ ('06／雪)　ザ・クラシック ('06／宙)

それよりさらに強い絆を感じる。同期の退団公演の千秋楽は楽屋回りのお手伝いをするし、退団挨拶の際は「同期生からのお花」が渡される。お花を渡さない他の同期が一緒に集まることもある。組に同期生がいなくなれば他の組から、または卒業生が駆けつけてくれる。それもこれも「同期愛」。同期みんなで同期の出演する舞台を観に行くことを「同期総見」という。同期のトップお披露目公演では皆ボロ泣きだ。

東京すみれ会館
【とうきょうすみれかいかん】

東京公演中（青年館など別箱でも）の生徒の半数以上が宿泊する寮。以前は恵比寿にあり大部屋で、生徒監のお父ちゃんもここに宿泊していた。門限は11時。2003年に移転。現在の寮は基本、個室である。

東京宝塚劇場
【とうきょうたからづかげきじょう】

東京の本拠地。第二の拠点。すでに1918年には帝国劇場で東京公演が行われていた。市村座、邦楽座、歌舞伎座、新橋演舞場を転々としていたが、初公演から20年後の1934年1月にようやく念願の東京宝塚劇場が誕生。1997年に閉館し、TAKARAZUKA1000days劇場を経て、2001年1月に現在の東京宝塚劇場が開場した。座席数2069席。通っていると慣れてしまうが、宝塚の世界をそのまま表したような色使い、階段とシャンデリアのエントランス、赤い薔薇柄の座席など、最初はそれだけで十分気持ちが高まる。

当日券・当券
【とうじつけん・とうけん】

当券とは当日券の略。当日に売り出されるチケットのことで、通常朝から並んでゲットする。窓口に行くまでどの席が出てくるのかわからず、特に冬は寒さに負けて心が折れそうになるが、前方に並べば、運よくセンターブロックのS席最前列が出てくることもあるらしいので、天に祈りつつ頑張るしかない。また（通常公演において）一番リーズナブルな立見席を買えるのも当日券だけである。

任田幾英
【とうだいくえい】

劇団所属の衣装デザイナー。1966年入団。90周年の段階で、大劇場285作、バウ157作、他28作に関わった。それまでに描いたデザイン画は約5万枚！ 思い出深い作品に1975年『花戦』（宝塚友の会特別公演）を挙げる。出演された天津乙女のご自宅へ衣装の布地とデザインを持参したが、そのオーラに圧倒され手の震えが止まらなかったそう。2016年宝塚歌劇の殿堂入り。その式典で天津乙女との思い出を昨日のことのように覚えていると語った。

胴布団

【どうぶとん】

くびれをなくしたり体を太く寸胴に見せる目的で、胴に巻く補正下着。日本物の衣装の着崩れを防ぐためにも使用する。かっぷくよく太った人物の際に着けるものは肉布団ともいう。顔に汗をかかないスターでも、胴布団の中は汗をかき、夏はそれだけで痩せてしまう。「痩せるからより胴布団を重ねて、また汗をかいて痩せるという悪循環」とは春野寿美礼の弁。

通し稽古

【とおしげいこ】

途中で止めずに最初から最後まで通す稽古。ここまでくればお稽古も終盤である。

通し役

【とおしやく】

ひとつの演目でずっと同じ役をすること。上級生になれば通し役が当たり前になるが、下級生のうちはあちこちのシーンでいろいろな役で登場するため、それも見どころである。自分がどこに登場するか、詳細なメモを作り、ファンに渡す生徒もいる。

ときめき

【ときめき】

これを求めて宝塚を観に来るファンも多い。ときめきポイントは人それぞれだが、歩くだけなのに色っぽい姿、寄り添いたくなるあの目線、口以上に話しているあの背中、少し骨っぽい綺麗な手、セリフの前のあの間、あのアゴ、首、歪ませた口など、各所に散らばるときめきをみんなそれぞれに拾っていく。頭ではなく胸で感じる、それが宝塚。

特別出演・特出

【とくべつしゅつえん・とくしゅつ】

所属する組以外の組の公演に出ること（専科を除く）。イベントのように扱われることが多く、100周年時の月組宝塚大劇場公演『宝塚をどり』（'14）の一部に各組トップスターが、『TAKARAZUKA 花詩集100!!』の一部に各組トップコンビが特出し話題となった。『ベルサイユのばら』も各組スターの特出がよく行われる演目。

床山さん

【とこやまさん】

舞台袖に部屋があり、和洋カツラやヒゲの制作やメンテナンスを行っている。生徒さんの頭や顔に合うカツラを決め、本番中は着脱のお手伝いもする。今の仕事はやめられないけれど、ついつい見てしまうのが床山さんのスタッフ募集ページである。

トップスター

【とっぷすたー】

各組の主演男役。娘役トップもいるが、トップスターといえば男役のこと。組の顔であり、同じ組でもトップが変わるとカラーも変わる。衣装は組の誰より装飾が多く、フィナーレの背負い羽根も誰より大きい。「二番手スターやトップ娘役の羽根もこんなに大きいのに、どんなでかい羽根なの？」という疑問を、トップの羽根はいい意味で裏切る。衣装、演出、照明、オーラ。全てのおかげで初めて見た人でも誰がトップかは一目瞭然だが、登場しただけで拍手という作法に戸惑う初心者は多い。

トップ娘役

【とっぷむすめやく】

組の主演娘役、ヒロイン。基本的には常にトップスターの相手役を演じる。「嫁」とも呼ばれる。常に恋愛関係を演じるため、トップスターとトップ娘役の相性が大切なのは言うまでもない。最終的な決定権は劇団にあるにしろ、トップ就任時に相手役となるトップ娘役を誰にしたいか希望を出したと告白するOGは多い。

轟悠

【とどろきゆう】

1985年入団。71期生。愛称「イシちゃん」。月組に配属。雪組に組替え。1997年『真夜中のゴースト/レ・シェルバン』より雪組トップスターに就任。最初の相手役は花總まりだったが宙組の誕生に伴い異動したため次作より月影瞳。2002年専科に異動。2003年理事に就任。初演ルキーニはオーストリアの関係者に「1人男がいる」と言われたほどの出来映え。レット・バトラーも素晴らしい。何年たっても変わらず、むしろ若返る。その彫刻のような美しさにはひれふすばかりである。

扉をあけておくれ

【とびらをあけておくれ】

チフスは流行するし、財政は破綻しているし、戦争は終わらない。疲れきったフランツが扉をあけてほしいと懇願するのに、エリザベートはひと言「お母様が聞いてくれる！」。あの転調が素晴らしい。

緞帳

【どんちょう】

舞台と客席の間にある幕のこと。重量は約1トン。宝塚大劇場は3枚、東京宝塚劇場には2枚、緞帳を吊ることができる。主に企業から寄贈されるため端に企業名（高砂熱学工業、資生堂、ワコールなど）が書かれている。柄は企業に基本おまかせだが、いろいろな演目に対応できるよう、地味めか派手めかは劇団から希望があったそう。

ドンブラコ

【どんぶらこ】

宝塚歌劇の記念すべき第一回公演の演目。100周年記念式典で各組のスターが組を越えて上演した。犬（明日海りお）、きじ（早霧せいな）、猿（紅ゆずる）、そして鬼のボス2人（北翔海莉と朝夏まなと）とかなり豪華キャスト。それを従える桃太郎はもちろん轟悠。

トート閣下のカツラ
【とーとかっかのかつら】

『エリザベート』('96／雪）では各スターに似合うよう、トート閣下のカツラは全て違うデザインになっている。

な行

【 な行の言葉 】

ないものはないんだ／流し目／何人口／二番手／日本青年館／日本物／抜き稽古／沼／年間公演スケジュール／年度賞／NOVA／ノバ・ボサ・ノバ etc.

ないものはないんだ

【ないものはないんだ】

『エリザベート』（'96／雪）で民衆にミルクを求められたルキーニが言うセリフ。ミルクを求めるウィーンの民衆よろしく、ファンは宝塚のチケットをいつだって探している。チケットが手に入らない切なさを表すのにこれほどぴったりなセリフはない。このセリフでどうにか気を紛らわせている感もある。一緒に使えるセリフに「あるところにはあるさ」。

ナイアガラ

【ないあがら】

時にトップスター以外の羽根に付いていることもあるが、ナイアガラといえばトップスターの羽根が定番である。背負い羽根の後ろから床まで垂れる羽は、ナイアガラの滝からその名がつけられた。舞台を歩くトップスターの後ろで風を受けフワッと浮く様子に心もフワッとする。最後のお辞儀でナイアガラを逆流させる豪快なトップスターもいる。

流し目

【ながしめ】

伏し目がちに憂いて横に流した目線。流してくる場所も仕草もタイミングもすべてが揃うと色っぽさMAXに！「逆流し目」なんてものもある。

中村暁／中村A

【なかむらさとる／なかむらえー】

劇団所属の演出家。1977年入団。愛称「中村A」。1990年『黄昏色のハーフムーン』（雪）で大劇場デビュー。最近は柴田作品の演出を手掛けることも多い。他の主な作品に『ミロワール』（'08／雪）、『大江山花伝』（'09／宙）など。

中村一徳／中村B

【なかむらかずのり／なかむらびー】

劇団所属の演出家。1988年入団。愛称「中村B」。1994年『サラン・愛』（花）で演出家デビュー。1996年『プレイスティージュ』（月）で大劇場デビュー。ショーを中心に活躍。一度聞いたら忘れられない主題歌や、慣れ親しんだ構成で安定感のあるショーを見せてくれる。ひとつの場面で大勢の生徒を使うことが多く、いろいろなところに見所が隠れているという楽しさも。ジャズやラテンなど、選曲もさすがベテラン。他の主な作品に『ザ・ビューティーズ！』（'00／花）、『ダンシング・フォー・ユー』（'08／宙）、『ファントム』（'04／宙）など。

何人口

【なんにんぐち】

ダンスなどのシーンで、踊っている人数。フィナーレの男役の群舞などで、トップスターを囲むメンバー（人数はさまざま）に選抜されたときなど、「○○ちゃん、フィナーレで

5人口に入れたの〜！」と興奮し、我がことのように喜ぶ。オペラで贔屓をガン見しすぎて他の4人が誰かなど知らないまま終わることもざらである。

2.5次元

【にいてんごじげん】

漫画・アニメ・ゲームなどの2次元と、それを実写化した人間が存在する3次元の中間を指す言葉。漫画などを原作とした舞台は『2.5次元ミュージカル』と呼ばれる（2.5次元と略す場合も）。宝塚での2次元作品の舞台化は、宝塚に興味がない人でも原作やそのキャラクターを愛して足を運んでもらえるというメリットはあるが、「原作のイメージと違う」とがっかりされたら大変である。しかしそこは宝塚！『ベルサイユのばら』（'74／月）をはじめ昔から漫画原作の舞台化を行っており、その道ではパイオニア。キャラ作りには一日の長がある。生身の男性では出せない美しさ、顔の小ささ、スタイルのよさ、そして夢みしさ。マンガやゲームのキャラクターがまるで飛び出してきたかのようと評されるのは、宝塚ファンにとってはむしろ当たり前のこと。人気キャラクターが宝塚で上演されるたび、「美しすぎる」「やばい」とおののく原作ファンに「知らなかったの？これが宝塚の底力よ！」と心でつぶやきつつ、ひとりでも多くの人に宝塚の魅力に気付いてほしいと、周囲の原作ファンのためにチケット取りに奔走するのである。

2番手

【にばんて】

トップスターの一つ下の番手。正式に発表されることはないが、パレードでの階段降りがトップコンビの前、つまり後ろから3番目であること、またトップスターに近い羽根を背負うことにより明確化されている。2番手スターはトップ演じる主人公と敵対する役、トップといつも一緒の友人役などが多く、グッとファンを増やすポジションである。ここまでくれば路線から外れることはあまりなく、もう後はトップに向けてさらに実力をつけ、ファンを増やし、来るべきときを待つばかり。そんな大事な番手をあやふやにされるとファンはざわざわする。もしや劇団側はそれを楽しんでいらっしゃる!?　と思うほど。気持ちをもてあそばれて翻弄される様は恋心と全く一緒である。

日本青年館

【にほんせいねんかん】

東京・神宮外苑にあるホールやホテル。1915年オープン。ホールは1979年に改築・完成されただけあり、シートの緑色が時代を感じさせた。2時間半座っていると、少々お尻が痛くなったのはむしろ懐かしい。バウやシアタードラマシティで上演されたものが東京では青年館で上演されることが多かったが、2015年に移設のため解体開始。2017年初夏には3代目がオープン。

日本物

【にほんもの】

衣装が着物である芝居やショー。「和物」ともいう。時代により、平安物、戦国物、江戸物などがあるが、あくまで衣装による分類であり、舞台が日本であっても背景が現代であり衣装が洋服だと洋物に分類される。日舞もオーケストラの洋楽で舞い、着物なのに足元はブーツを履いていることがあるのも宝塚ならでは。幕開きはチョンパなことも多く、一気に引き込んでくれる。豪華な着物に、生徒の磨き上げた美しい所作が加わると、日本に生まれてよかった！ と実感する。これからも残してほしい宝塚遺産である。

抜き稽古

【ぬきげいこ】

シーンごとに抜き出して行う稽古。略して「ヌキ」。

沼

【ぬま】

誘われて初めて宝塚へ→その魅力にはまる→好きになった組の公演を観たいな→別の組はどうかな、観てみようかな→気になる生徒が増えてきた→各公演1回は観たいな→贔屓組は何回か観たいな。というように、「同じ公演を何回も観るなんて」と思っていた人に限って、次第に観劇回数が増え、遠征が増える。出勤前に入り待ち、退社後の出待ち。公演期間中は身なりに気合が入っていると同僚に言

ファンシー・ダンス
('07／月)

TUXEDO JAZZ
('07／花)

シークレット・ハンター
('07／星)

宙 FANTASISTA!
('07／宙)

マジシャンの憂鬱
('07／月)

われ、地上波のテレビ番組を見なくなり、宝塚関係のニュース（どこの組の集合日がいつで、初日がいつでというようなもの）だけくわしくなる。競馬の「宝塚記念」という文字を見るだけでたまらない気持ちになり、贔屓の芸名の漢字を見掛けるだけで心が和む。観劇のために働かなければと仕事に精が出る。同僚の高校時代の友人（という遠い関係の人）が宝塚ファンと聞けば、無理してでも会い、初対面とは思えないくらい宝塚の話に花が咲き、気が付くと終電を逃す。オペラグラスで贔屓のみをガン見。まわりの状況（誰がどこで踊っていたか、話はどんなものかなど）はDVDで見て初めて知るのもご愛嬌。公式からのお知らせや贔屓のポジションに一喜一憂、宝塚市の不動産情報や就職情報を調べ、宝塚に移住したいと本気で考え始める。宝塚の沼に底などない。

年間公演スケジュール

【ねんかんこうえんすけじゅーる】

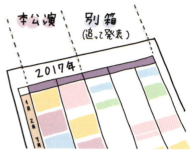

4月に発表される翌年の宝塚大劇場及び東京宝塚劇場の公演予定のこと。まだ翌年の手帳すら売っていないがファンのスケジュールはどんどん埋まっていく。追って発表される別箱のスケジュールと併せて穴があくほど眺め、「この別箱は誰が主演するんだろう？」「組替えはあるのだろうか？」「贔屓は万が一卒業なんてことにならないだろうか？」など期待と不安と過度な憶測で、あっという間に2〜3時間は過ぎるものである。

年度賞

【ねんどしょう】

毎年劇団により選出される賞。優秀賞、努力賞、新人賞、奨励賞（それまでの「レッスン奨励賞」が前身）、団体賞（作品の第何場、

ラブ・シンフォニー（'07／花）　レビュー・オルキス—蘭の星—（'07／星）　ミロワール（'08／雪）　Passion 愛の旅（'08／宙）　ME AND MY GIRL（'08／月）

129

と表彰される）などがある。他にも特別賞、特別団体賞など柔軟に賞が設けられている。ショーの場面などで組全体が一致団結したときに「団体賞狙っているんです」と『NOW ON STAGE』などで語られることもある。努力賞に至っては、近年専科の汝鳥伶や一樹千尋も受賞されており、まだまだ努力が表彰される一人の生徒なのだなと実感させられる。

野口幸作
【のぐちこうさく】

劇団所属の演出家。2006年入団。2013年バウ公演『フォーエバー・ガーシュイン』（花）で演出家デビュー。2016年『THE ENTERTAINER!』（星）で大劇場デビュー。『A-EN（エイエン）』（'15／月）では出演者のキャラクターをいかした脚本が好評だった。さらに同公演『ARTHUR VERSION』（'15／月）では、主演の朝美絢に「行くぞ、泣き虫プリンセス」というツンデレ史上最強のセリフを与え、ファンからは「足を向けて寝られない」と崇め

られている。

NOVA
【のば】

劇団内にある食堂の名前。生徒の注文にも応じ、たとえば『生姜焼き』というメニューがあれば「生姜焼きを丼で」と頼むこともできる。たまに求人が出ている。働きたい。

ノバ・ボサ・ノバ
【のば・ぼさ・のば】

鬼才のショー作家、鴨川清作による、カルナバル前夜のブラジル・リオ・デ・ジャネイロを舞台にした作品。1971年星組で初演。以降、再演を重ねる。近年では役替わりも見どころの一つ。ここで特筆すべきは1999年月組新人公演で主演した霧矢大夢。歌詞がない場面をスキャットで歌い続けるなどして、新人公演初のカーテンコールが起きた。柚希礼音の快演も記憶に新しい。

は行

【 は行の言葉 】

拝賀式／萩の月／花組ポーズ／羽根／羽二重／パラダイス劇場／パリ／ピンスポットライト／ファントム／フィナーレ／フェアウェルパーティー／ブスの25箇条／編集部のお姉さん／ボレロ／本公演／本役 etc.

拝賀式

【はいがしき】

毎年元旦に行われる式典で、生徒と劇団の関係者が出席する。生徒は正装である黒の紋付に緑の袴を着用。年頭の挨拶や抱負、団歌の斉唱などを行う。出席は自由だが東京での公演を控えている生徒は上京しているため出席できない。新年最初の『タカラヅカニュース』では拝賀式に入っていくスターが放映され、組や学年を越えて仲良さそうに会場へと向かう姿で、意外な交友関係がわかることも。出席すると紅白饅頭がもらえるのでそれを楽しみにしている生徒も多い。ある年、正月公演を控えた花組生が（楽屋入りが迫っていたこともあり）紅白饅頭に殺到。見かねた係の人が「花組生の分は後ほど楽屋に持って行きますから」と言ったこともあったとか。白はこしあん、赤は粒あん。かなり大きく食べごたえがあるという。

バウ・ワークショップ

【ばう・わーくしょっぷ】

主に若手の生徒や演出家を育てる場としてバウで上演される作品のこと。もともと、バウはそうした若手育成などの目的で設立された。ワークショップ公演と銘打ったものは開場25周年を迎えた2003年に、1960年代に初演の『春ふたたび』（'65／雪）、『恋天狗』（'66／月）、『おーい春風さん』（'67／月）が若手演出家により、5組それぞれで上演したのが始まり。ミュージカルとショーの2本立ての『Young Bloods!!』、ダンスのみで構成された『ハロー！ダンシング』といった試みも行われている。『灼熱の彼方』（'11／雪）、『A-EN（エイエン）』（'15／月）のように、若手2人のW主演や役替りも多い。ちなみに、通常のバウ公演と大きな違いはないが、公演によっては価格が通常よりも安くなっている場合もある。バウ・ワークショップで初主演を果たす生徒も多い。贔屓の初主演にまずは開演アナウンスで涙、最初のスポットライトで涙、と初回は冷静に舞台を観れず話の内容が頭に入ってこないというファンもいる。隣の席の様子がおかしかったら察してあげてほしい。

Red Hot Sea ('08／花) ／ THE SCARLET PIMPERNEL ('08／星) ／ マリポーサの花 ('08／雪) ／ ダンシング・フォー・ユー ('08／宙) ／ Apassionado!! ('08／月)

博多座

【はかたざ】

福岡市博多区にある演劇専用劇場。宝塚は1999年『我が愛は山の彼方に／グレート・センチュリー』（星）より毎年公演を行っている。以前は8月に行われることが多かったが、最近は2月や5月など他の月もある。福岡空港や博多駅からも近く、劇場もきれいで観やすい。終演後は博多グルメも満喫できる楽しい劇場。キャトルレーヴも期間限定で劇場内に出店するというありがたさ。それだけでなく、博多のお菓子や乾物などのみやげものやがロビーに並ぶので幕間も楽しい。2016年5月の宙組公演ではトップスター朝夏まなとの故郷である佐賀県のみやげものコーナーができた。福岡に来たはずなのに、佐賀みやげをたんまり購入するファンが続出した。

萩の月

【はぎのつき】

鍛えられたジャンプを披露

カスタードクリームをふんわりとしたカステラで包んだ、菓匠三全が販売する仙台の銘菓。似たようなお菓子は多々あれど、フワフワさ、甘さ、どれもこれもがこんなに心地よいお菓子は他にない。テレビCMに杜けあき、朝海ひかる、海隼人と代々宮城県出身のタカラジェンヌを起用していたが、海の卒業後、2017年現在はなぜか東京都江戸川区出身の礼真琴を起用。タカラジェンヌをテレビで偶然見かけるのは本当に嬉しく、宮城へ行った際には感謝を込めて買わずにいられないお菓子である。

ば

太王四神記（'09／花）　アビヤント（'09／星）　風の錦絵（'09／雪）　Amour それは…（'09／月）　エリザベート（'09／花）

バスティーユ

【ばすてぃーゆ】

『ベルサイユのばら』(`74／月)最大の山場。アンドレの死を受けて、雄々しくも立ち上がるオスカル。ひとりひとり現れる民衆たちがこれでもかとカッコよい。「シトワイヤン、ゆこう〜！」の「ゆこう〜！」の気合の入り方は男役の真骨頂。独特の振り付けとともに。

初風諄

【はつかぜじゅん】

1961年入団。47期生。愛称「カンちゃん」。月組に配属。同期に振付家の羽山紀代美がいる。1967年より星組トップ娘役、70年より月組トップ娘役となり、月組では大滝子・榛名由梨のダブルトップ体制の相手役を務める。1974年の初演『ベルサイユのばら』（月）でマリー・アントワネット役を演じ、高貴なオーラ、圧倒的な存在感、伸びのある歌声で客席を魅了。原作ファンの舞台化への不安を裏切り「ベルばらブーム」の礎を築いた。また1976年の『ベルサイユのばらⅢ』（星）でもマリー・アントワネット役で出演した。同年8月、同公演で退団。娘役だが「初風諄さよならショー」が行われた。2000年舞台復帰。ちょっとふっくらしてかわいいおばちゃんになって舞台を続けている。

PUCK

【パック】

ウィリアム・シェイクスピア原作の『真夏の夜の夢』を元に、小池修一郎脚本・演出で1992年月組で初演。2014年月組で再演。主人公の妖精パックは涼風真世、龍真咲がそれぞれ演じ、2人のどこか中性的な雰囲気はパックにピッタリだった。どちらの公演もパックがローラースケートを履くが、光GENJIの華麗な滑りを見てきた世代にはたどたどしさが少々怖かったりもする。なお、再演版新人公演でハーミアの祖父を演じた珠城りょうが、「1人だけ専科が出ている！」と話題になるほどの落ち着きっぷりを放った。

初舞台

【はつぶたい】

2年間の音楽学校生活を終えて劇団に入団した研1生の初めての舞台。同期全員で開演に先立っての口上を行い、同期一丸となってショーでラインダンスをする。これを初舞台生ロケットといい、長く厳しいお稽古を積んできただけあって、とにかく揃い過ぎていて素晴らしい。初々しさに感動したり、若さゆえにはじける太めの足を発見してほっこりしたり。「やっ！」という掛け声がかわいいのなんの。スカイステージの初舞台生特集を見ながら、未来のスターを予想するのが年に一度

の楽しみというコアなファンも。初舞台生特集は89期生より毎年放映されており、初舞台の時期には一挙放映も。今のスターの初々しい姿を見られる貴重な番組である。

花組
【はなぐみ】

1921年から2部制にするために誕生した組。もう片方が月組であり、共に最も歴史の古い組である。カラーは赤、ピンク。「男役の花組」「男役スターの宝庫」といわれ、花組だけではなく他組のトップスターにも花組経験者が多い。「ダンスの花組」ともよばれ、過去に大浦みずき、安寿ミラなど、ダンスを得意とするスターが多く在籍している。花組のダンスは肩の入り方が違うといわれ、今でも黒燕尾の群舞は圧巻である。5組化された1998年以降で男役トップスターは36人いるが、そのうち14人が初舞台後に花組に配属されている（2016年12月現在）。

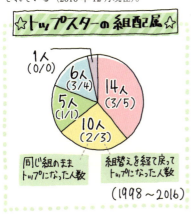

花組ポーズ
【はなぐみぽーず】

右手を頭の後ろから回し左耳にビシッと被せるポーズ。左手は前を通して右腰に回すことが多い。最近は組替えで花組を去る生徒がこれが最後とばかりにビシバシこのポーズを決めては花組愛をまき散らす。また、組替えで花組にやって来た生徒は、挨拶代わりにまずは花組ポーズを決める。もともとは雪組の亜実じゅん（62期生）がスチール写真を撮影する際に考えたポーズだが、それを花組生が真似し出して花組ポーズとして定着したという説がある。夏美よう、日向薫、更には音花ゆりの母、朱穂芽美も抱える62期生、元花組でもないのに思いがけないところでツメ跡を残していかれたのはさすがである。

花の指定席
【はなのしていせき】

『タカラヅカ花の指定席』は、関西テレビで放送されていた宝塚歌舞台中継番組のひとつ。1984年4月から1995年1月まで毎月最終土曜日夕方に放送されていた。土曜の午後、何気なくつけていたテレビで放送されていて、気づいたら引き込まれていたというファンも多い。この放送が終了し、地上波で宝塚を見られる機会はグンと減ってしまった。スカイ

ステージで放映される昭和の宝塚映像は、この映像が多い。

花のみち

【はなのみち】

阪急宝塚駅から大劇場を結ぶ道。宝塚駅に降りたち、宝塚阪急ソリオを抜けて花のみちにたどりついた瞬間、「あ〜、ムラに来た〜」と実感する。花のみちには花壇があり花が咲いているが、これは阪神大震災後に植えられたもの。花のみちという名前は宝塚大劇場に続く「花道」からつけられた。

花のみちセルカ

【はなのみちせるか】

花のみちと並行したショッピング街。1番館と2番館がある。生徒への差し入れにも使われる「サンドウィッチ　ルマン」は宝塚南口本店だけでなくここにもある。ちょっと太めの麺で昭和のスパゲティ屋という趣の「パスタ」は、11時公演と15時公演の間の大休憩のときは混雑してなかなか入れず、12時くらいが意外とすいている。サイン入りのポスターが貼ってある店、生徒からのお礼状が所狭しと貼ってある店も多い。ほとんどの店の定休日は水曜日である。

花總まり

【はなふさまり】

1991年入団。77期生。愛称「ハナ」。またの名を「お花様」。星組に配属。雪組に組替え。1994年『雪之丞変化／サジタリウス』より雪組トップ娘役に就任。一路真輝、高嶺ふぶき、轟悠の相手役を務めた後、1998年初代宙組トップ娘役に就任。姿月あさと、和央ようかの相手役を務める。初演『エリザベート』('96／雪)はもちろん、『ベルサイユのばら2001』('01／宙)のマリー・アントワネット、『鳳凰伝』('02／宙)のトゥーランドットなど、前世は王族ではないかと思わせる高貴なオーラをあふれさせる。その一方、『傭兵ピエール』('03／宙)のジャンヌ・ダルクや、ショー『満点星大夜總会』('03／宙)でのHANA-CHANなどのかわいさあふれる役もばっちり。抜群のスタイルで、歌って踊って芝居して、寄り添うもよし、一人で立つもよし、何をさせても何を着せても様になる。京美人系の顔立ちで宝塚メイクが非常に映え、その系統の顔は「花様系」といわれる。そんなお花様も2006年に退団。トップ在任期間は12年3ヶ月、もちろん劇団史上最長である。2010年に舞台復帰。東宝版で再度エリザベートを演じ、レジェンドとしてたちまちチケット難公演に。第41回菊田一夫演劇賞大賞を史上最年少で受賞するなど、伝説の娘役として今なお輝き続けている。

花道

【はなみち】

宝塚の場合、舞台の上手、下手より客席側に繋がる通路のような舞台のこと。前方の端の席は決して観やすい席ではないが、花道での演技やパレードでの下級生を間近で観られ、マイクを通さない迫力の歌声やアドリブが聞こえる夢のような席である。

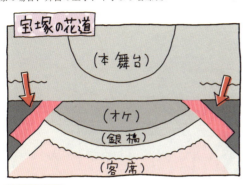

昭和初期までは歌舞伎のように客席へとべ出した花道があったが、銀橋の出現にともない外された。

ここにもあります

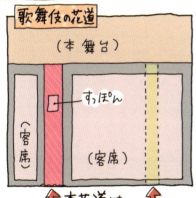

本花道とも。仮花道ができることもある。

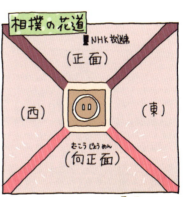

力士、行司、呼出などが入退場で使うのは向正面側の東西の花道。

こんなときにも使われます

退団の花道を飾るのにふさわしい舞台だったわ

サヨナラの千秋楽ではお衣装部さんが衣装にお花をつけてくれます。群舞などで見つけやすいのでシッカリ見送りましょう。

まだまだあります

2000年まで放送されたテレビ東京の人気番組、演歌の花道

国民的大人気漫画『SLAM DUNK』の主人公、桜木花道
©井上雄彦先生

勝手に 宝塚三大 羽根っぽい 羽根

『ハイペリオン』 ('96/花)

『エリザベート』 ('96/雪)

『銀河英雄伝説』 ('12/宙)
@TAKARAZUKA

羽根

【はね】

ショーの衣装に多用される羽根。フィナーレでトップスターがオーラを視覚化したかのような巨大な羽根を背負って大階段を降りてくる姿はすでに宝塚の代名詞で、背負い羽根とも呼ばれる。羽根の大きさにもしっかり番手が表れているのはさすが番手至上主義の宝塚。時代と共に大きさも増していき、トップの羽根の重さは今や約15キロ、全長は約2メートル。天井から吊った状態で保管されている。

総スパンなど重い衣装を着ている上に風圧もあり、羽の重さの体感は15キロなんてものではないのだろうが、舞台で見せる余裕のお辞儀からはそんなつらさは微塵も感じられない。「羽根の重さなんてトップの重圧に比べればなんてことはない」「羽根の重さはトップの重さ」というトップスターの発言は心に響く。背中に座布団のようなものを入れて背負いやすいように調整しているが、その位置は人それぞれだという。銀橋近くの席に座ることができたとき、くるっと振り返る羽根に仰がれると何かご利益がありそうな気持ちになる。

RIO DE BRAVO!! ('09/雪)

EXCITER!! ('09/花)

Heat on Beat! ('09/月)

カサブランカ ('09/宙)

BOLERO ('10/星)

羽根扇

【はねおうぎ】

ずばり、羽根でできた扇。エトワールの周りでヒラヒラ〜としているのはこれである。シャンシャンの代わりに使われることもあり、シャンシャンとはまた違うフワッと華やかな締めくくりになる。ロマンチックレビューによく似合う。

羽二重

【はぶたえ】

日本物のカツラをかぶるために頭をまとめておくもの。髪をまとめるだけではなく日本物ならではの吊り目に近づけることもできる優れもの。決して表には出てこないけれど、楽屋では羽二重姿で写真を撮ったりしているんだろうなぁとか、小顔で頭の形がいいタカラジェンヌは羽二重だって似合うんだろうなぁとか、カワイイんだろうなぁとか、思いを馳せたりもする。

葉巻

【はまき】

本物の男でさえも敷居が高くカッコよく吸う方法がわからないというのに、宝塚の男役はいとも簡単(そう)にドキッとする姿で葉巻を吸う。太めの葉巻を持つ指、吸い込むときに凹む頬、葉巻を嚙み潰す口元。葉巻を吸うことが特別だと思わせない自然さで、ちょい悪男がカッコよく見えてしまう小道具である。葉巻をくわえて様になれば一人前。

早替わり

【はやがわり】

素早い衣装チェンジのこと。「さっきのスタ

Carnevale 睡夢 ('10／雪) 　　虞美人 ('10／花) 　　THE SCARLET PIMPERNEL ('10／月) 　　ファンキー・サンシャイン ('10／宙) 　　ロック・オン！ ('10／雪)

ーが袖に引っ込んだと思ったらもう別の格好で舞台に立っている！」と驚くスピーディーな転換も宝塚名物である。衣装だけではなくアクセサリー、髪型なども変わっていることにも注目したい。ご本人の脱ぎ着の工夫、下級生による絶妙なタイミングのお手伝い、衣装の仕掛けなど、たくさんの人の力によって早替わりが実現しているのだろう。舞台袖の早替わり室は魔法の小部屋かもしれない。

羽山紀代美

【はやまきよみ】

今や振付家として有名だがもともとは生徒として在籍。1961年入団。47期生。星組娘役として活躍後1973年退団。あの喜多弘に師事し、1995年『恋こそわが命／イマージュ』（月）で振付家デビュー。1998年劇団理事に就任。90周年『タカラヅカ・グローリー！』（'04／雪）での90人ラインダンスは話題になった。羽山紀代美といえばやはり大階段を使った黒燕尾が有名だが、階段をどういう形でどう降りるかなどすべて頭の中で計算して作っていくという。「もし、考えていた振付が実際にできなくても、レベルを落とさず、踊りが多少下手な人でもきれいに見えるものに変えてしまう。その手腕はまさに手品師のよう」とは紫吹淳の言葉。

パラダイス劇場

【ぱらだいすげきじょう】

宝塚歌劇最初の劇場。1914年、宝塚新温泉内の室内プールを改造して舞台を作り、公演を行った。柿落とし公演は歌劇『ドンブラコ』、喜歌劇『浮れ達磨』、ダンス『胡蝶』。水槽部分が客席、脱衣場部分が舞台で収容人数は約500名。1919年には収容人数約1,500名の公会堂劇場も開場したが、1923年に火事によりどちらも焼失した。

原田諒

【はらだりょう】

劇団所属の演出家。2010年バウ公演『Je Chante ―終わりなき喝采―』（宙）でデビュー。2012年『華やかなりし日々』（宙）で大劇場デビュー。ロバート・キャパ、リンカーン、ニジンスキーなど、歴史上の偉人を舞台化した作品が多い。『ニジンスキー』（'11／雪）では自らの作品なのに、ラブシーンでは恥ずかしくて顔を真っ赤にしていたという生徒の証言も。他に『白夜の誓い』（'14／宙）など。

薔薇タン

【ばらたん】

『ベルサイユのばら』フィナーレのダンスである「薔薇のタンゴ」のこと。オラオラ系の掛け声が飛び交う男役のダンスナンバーで、喜多弘の独特の振りに独特の衣装と相まって人気が高い。主にトップ以外のスターがセンターを務めるが、宙組トップ凰稀かなめが女役としてセンターで踊った2014年の宙組バージョンは話題を呼んだ。榛名由梨の熱血指導もNHKのドキュメントで放映された。

パリ

【ぱり】

フランスの首都にして宝塚の舞台となることが多い都市。タカラジェンヌの語源もそうだが、最初のレビュー作品『吾が巴里よ〈モン・パリ〉』('27／花)、それに続く『パリゼット』('30／月)、『ローズ・パリ』('31／雪)など、当時の劇団がパリ＝おしゃれの代名詞としていたことは想像に難くない。歌詞にパリが入ったものも数知れず。お芝居でも『ベルサイユのばら』('74／月)、『ファントム』('04／宙)、『白昼の稲妻』('03／宙)、『凱旋門』('00／雪)と、この300年くらいのパリの歴史は網羅している。ショーでも『CAN-CAN』('96／月)、『ヘミングウェイ・レヴュー』('98／星)など、パリを舞台にしたものは多い。こんなにパリのお世話になっている宝塚だがパリでの公演は1965年に一度だけ。二度目公演は近いかもしれない。パリと姉妹都市提携すればいいのに……。

巴里祭

【ぱりさい】

宝塚では有名な1789年のバスティーユ陥落。オスカルとアンドレの命日だが、フランスではフランス共和国の成立を祝う日であり、各地で花火が打ち上げられ、1日中さまざまなイベントが行われる。宝塚では毎年7月にディナーショー形式の『宝塚巴里祭』が西と東でそれぞれ2日ほど開催される。シャンソンをはじめとしたパリの歌が次々に披露されるだけではなく、料理や舞台セットもパリを意識。エッフェル塔や三色旗をモチーフするなど、まさにおフランスな夏の風物詩である。

遥くらら

【はるかくらら】

1974年入団。60期生。愛称「モック」。星組に配属。入団時は男役。研2のときにTBSのポーラテレビ小説『おゆき』('77)の主役に抜擢。その後も同局の『1年B組新八先生』('80)に出演するなど、一般の知名度が高かった。研4で『風と共に去りぬ』('77)でスカーレットを演じ、その後正式に娘役に転向。1977年『テームズの霧に別れを／セ・マニフィーク』より星組トップ娘役に就任。元男役ゆえに身長166cmと長身娘役のはしりである。星組時代の相手役は鳳蘭と瀬戸内美八。1980年に雪組に組替え、トップ娘役に就任。相手役である麻実れいとはゴールデンコンビといわれ、『ジャワの踊り子』('82)、『うたかたの恋』('83)など名作を残した。サヨナラ公演は再び、『風と共に去りぬ』('84)。7年前に大抜擢されたスカーレットで有終の美を飾った。

榛名由梨

【はるなゆり】

1963年入団。49期生。愛称「ショーちゃん」。月組に配属。1974年月組トップスターに就任(大滝子と複数体制)。1975年組替え、花

組トップスターに就任（安奈淳とのダブルトップ）。1974年の『ベルサイユのばら』初演でオスカル、翌年には花組版でアンドレ（安奈淳がオスカル）を演じ、ベルばら旋風を巻き起こした、ベルばら四天王の1人。1976年に月組に組替え、月組単独トップに就任（副組長も兼任）。専科を経て、1988年退団。今宵一夜の場面での「型」、フィナーレ薔薇のタンゴでの「動き」など、初演を知るベルばら生き字引として、榛名先生として指導する場面がスカイステージなどで見られる。

春野寿美礼

【はるのすみれ】

1991年入団。77期生。愛称「オサ」「まさちゃん」。花組に配属。2002年花組トップスターに就任。相手役は大鳥れい、ふづき美世、桜乃彩音。同年『エリザベート』で大劇場お披露目。平成以降の入団で初のトップスターとなる。2007年『アデュー・マルセイユ／ラブ・シンフォニー』で退団。伸びやかなクリスタルボイスでとにかく歌う、歌う、歌う、歌う！　独特の人間離れした雰囲気と相まって、存在感のあるトップスターだった。

パレード

【ぱれーど】

ショーやレビューのフィナーレ、エトワールの後に始まるもの。出演者全員がシャンシャンや羽根扇を手に持ち、順に歌いながら大階段を降りてくるが、降りる順番で番手がはっきりわかる。また、パレードでの立ち位置に

一喜一憂するファンも多い。トップスターや路線の生徒、また上級生は歌いながら銀橋に出て最後の挨拶をする。華やかな衣装に、羽根やシャンシャンも加わり、照明も当たりまくる。最後の最後に一番豪華な締めくくりは、幸せいっぱいになる反面「あぁもうこれで終わってしまう」という名残惜しい気持ちも拭いきれず、ちょっと複雑である。

阪急初詣ポスター

【はんきゅうはつもうでぽすたー】

研1のスター候補生が選抜され、ポスターや車内吊りとして阪急沿線に登場する。のちにトップスターとなったのは意外にも4人と少ないが、トップ娘役は18人と多い（2016年12月現在）。

半券

【はんけん】

チケットをもぎられて残ったほう。思い出のひとかけら。最初は丁寧にスクラップしていたが、次第に回数が増え追いつかず、引き出しやお菓子の缶に放り込むようになる。片付けがてらチケット代金を計算してみるととんでもない金額になり驚愕。見なかったことにする。

パーソナルブック

【ぱーそなるぶっく】

2001年から発行された生徒個人のミニ写真集。それまでトップスターが退団記念等で写真集を出版することはあってもそれ以外の生徒がピンでフォトブックを出すことはなかったので、ファンにとっては「待ってました！」の一冊。第1弾（朝海ひかる、春野寿美礼、水夏希、安蘭けい、大和悠河、瀬奈じゅん、貴城けい、大空祐飛、夢輝のあ、霧矢大夢）があまりに好評で、2004年にはほぼ同じメンバー（トップになった朝海、春野、退団した夢輝は除く）で第2弾が発売されたほどであった（なお、このメンバーは『TCAスペシャル2002 DREAM』（'01）で、二番手、三番手を中心とした公演も行った）。舞台の扮装写真はもちろん、都会で働くエリートサラリーマン、命を狙われるスナイパー、海辺をデートする大学生など、「この人でこれが見たかった」が詰まっている。音楽学校時代や子ども時代の写真のページがあるのも嬉しいところ。気軽に買える価格ゆえ、贔屓だけではなくその同期やちょっと気になるあの人も……と、気が付くとコンプリートしてしまうのはお財布的には痛い。長らく愛されたパーソナルブックだが2015年版を最後に『ファーストフォトブック』にリニューアル。パーソナルブックを出した生徒の多くがトップスターになっていることもあり、今後誰が選ばれるのか目が離せない。

贔屓

【ひいき】

「○○さんのファン」とは言わず「贔屓は○○さん」と言うのは歌舞伎や相撲と同じ。宝塚が伝統芸能のひとつであることを思い出させてくれる。「贔屓の生徒」を略して「贔屓」と呼び、贔屓のおとめ項目は丸暗記が大前提。また生徒だけではなく、贔屓の組を持つ人も多い。贔屓が好きすぎて贔屓ばかりを追ってしまうと他の舞台が観えないという難点も。贔屓が着々と実力と人気を付けていくのはもちろん嬉しいが、路線に乗らなくても好きだし、路線から外れてしまっても好きだし、舞台の上で輝いているのがとにかく幸せで、もう、「自分と同じ時代に生まれて宝塚に入ってくれて、自分に出会ってくれてありがとう」である。贔屓がけがや病気に悩むことなく元気に生きていればそれが幸せ。

東の東大、西の宝塚

【ひがしのとうだい、にしのたからづか】

音楽学校への入学がいかに狭き門かを表した言葉。過去の最高倍率は82期で48.2倍。近年も20倍前後をキープしている。

VISAガール

【びざがーる】

三井住友VISAカードのイメージキャラクターを務める生徒のこと。すっかり定着したようだが意外に歴史は浅く、初代は愛華みれ、その後、春野寿美礼、音月桂、明日海りおと続いている。テレビCMも製作されることがあり、インターネットでも見られるが、地上波で見られるとご利益があるような気がする。同じく、東京駅や伊丹空港などに設置されている大きな看板を見るとつい声をあげ、記念撮影をしてしまう。VISAさまはムラや日比谷以外でタカラジェンヌと偶然出くわさせてくれるありがたい存在である。

日向薫

【ひゅうがかおる】

1976年入団。62期生。愛称「ネッシー」。月組に配属。1979年星組に組替え。1987年星組トップスターに就任。相手役は南風まいと毬藻えり。1988年『炎のボレロ／Too Hot!』でお披露目。1992年『紫禁城の落日』で毬藻と同時退団。当時としてはかなりの高身長（175cm）、かつ、華やかな容姿でゴージャス星組と呼ばれたのがうなづける。ご実家が旧華族という家柄からか、にじみでる気品。位の高い役が似合うスターだった。

ピンスポットライト

【ぴんすぽっとらいと】

特定の出演者に当てる照明のこと。略してピンスポ。大劇場には計9台（輪郭がくっきりシャープなもの×3台、フワッと柔らかいもの×6台）が設置されている。「バックハンドル」と呼ばれるものはステージ上を最も明るく照らすことができ、光の大きさや色をすべて手元でコントロールできるという、宝塚だけの特注品である。

ファンクラブ

【ふぁんくらぶ】

公式ファンクラブは「友の会」一本で、一般的にファンクラブといえば生徒個人を応援する私設ファンクラブのこと。またの名を「会」もしくは「ファン会」。

ファントム

【ふぁんとむ】

『オペラ座の怪人』を原作としたミュージカル。2004年宙組が初演。中村一徳潤色・演出。演目が決まった際は「トップスターのあの美しいお顔を仮面で隠すのか!?」と騒然としたが、そこはさすが宝塚。キラキラした美しい仮面でお顔を飾り、仮面を外して見える傷さえも、『キャプテン・ハーロック』ばりにカッコよかった。2011年花組の再々演は蘭寿とむ（愛称「らんとむ」）のトップお披露目公演であり、「らんとむがファントムを！」と劇団の遊び心を見たような気がした。しかし何度観ても「怖がらないから仮面を取って」と言っておいて、見た瞬間思いっきり叫んで逃げていくクリスティーヌはひどいと思う。

EXCITER!!
('10／花)

Rhapsodic Moon
('10／月)

愛と青春の旅立ち
('10／星)

誰がために鐘は鳴る
('10／宙)

ロミオとジュリエット
('11／雪)

フィナーレ
【ふぃなーれ】

ショーやレビューの終盤、パレードを含む舞台の締めくくり。ロケットの後に大階段が現れ、デュエットダンスや群舞等があり、それからエトワール、パレードという構成が多い。宝塚の魅力がギュッと詰め込まれている宝箱。一本ものでも通常はフィナーレで締めくくられる。これの出来がよいと、ショーが好きなファンでも一本物でも繰り返し観てしまう。まさに宝塚マジック！

フィンチ
【ふぃんち】

元月組トップスター霧矢大夢の愛犬。2003年より飼い始めたフレンチブルドッグ。フィンチとは新人公演での役名に由来。宝塚における犬ブームの先駆けともいうべき存在で、毎公演霧矢と同じ衣装を着ていたかわいい姿はファンにも大人気。退団公演の千秋楽ではアフロでペアルック、出のパレードでも黒の紋付に緑の袴でペアルック。その人気は宝塚内にとどまらず、フレンチブルドッグ専門誌『BUHI』での連載もあった。

フェアウェルパーティー
【ふぇあうぇるぱーてぃー】

生徒の退団公演千秋楽の後に行われる、送別会のようなもの。劇場近くのホテルなどで開かれることが多い。会が主催のためもちろん非公式。会員でないと参加できない会もあるため、パーティーに参加するために退団公演から入会する人も（ただし、卒業が決まると入会できない会もある）。また、会員であっても参加するために会が用意した白いウェアを着用しなければならないなど参加条件はさまざま。会場にはこれまでの舞台写真や衣装、アクセサリー、愛用品等が展示されていることが多く、感慨深い。ゆかりのある生徒が司会をしたり、次々に同組の生徒が顔を出したりすることもある。最屓の退団という生涯でもっとも寂しい気持ちを抱えつつ、でも間近で現役生徒を見るとつい心が踊ってしまうのは、宝塚ファンの性かもしれない。

ば

フェアリー系

【ふぇありーけい】

どこか中性的でふんわりした雰囲気を持つ男役のこと。安奈淳、涼風真世、朝海ひかる、明日海りおなど。龍真咲もそうかと思いきや近頃は「アイドル系」の分野が出現し、そちらに分類されている様子。納得。

藤井大介

【ふじいだいすけ】

演出家。1991年入団。幼い頃から宝塚を観ていた根っからのファンらしい。昨今はトップスターのお披露目とサヨナラを手掛けることが多い。奇しくも大劇場デビュー作である『GLORIOUS!!』('00／宙）も、宙組初代トップスター姿月あさとのサヨナラ公演だった。トップスターの名前にちなんだ歌詞を作るのがうまく、サヨナラでそんな歌を歌われようものなら、それだけでファンの涙腺を直撃する。男役に女装をさせることを好む。代表作に『Apasionado!!』（'08／月）、『EXCITER!!』（'09／花）など。

ブスの25箇条

【ぶすのにじゅうごかじょう】

劇団内のすみれキッチンに"宝塚歌劇団　伝説の教え"として貼られているらしい。

01. 笑顔がない
02. お礼を言わない
03. おいしいと言わない
04. 精気がない
05. 自信がない
06. グチをこぼす
07. 希望や信念を持っていない
08. いつも周囲が悪いと思っている
09. 自分がブスであることを知らない
10. 声が小さくイジケている
11. 何でもないことにキズつく
12. 他人をシットする
13. 目が輝いていない
14. いつも口がへの字の形をしている
15. 責任転嫁がうまい
16. 他人をうらむ
17. 悲観的に物事を考える
18. 問題意識を持っていない
19. 他人につくさない
20. 他人を信じない
21. 人生においても仕事においても意欲がない
22. 謙虚さがなく傲慢である
23. 人のアドバイスや忠告を受け入れない
24. 自分が最も正しいと思い込んでいる
25. 存在自体が周囲を暗くする

舞台稽古

【ぶたいげいこ】

宝塚大劇場、東京宝塚劇場ともに、初日前の数日間、舞台で衣装などをつけて行われる本番さながらの稽古のこと。初日前の2日間（初日は金曜日なので水曜日と木曜日）行われ、初日の朝に通し稽古がある。セットの撤収、搬入、装置の確認を含めて宝塚は3日、東京は4日ですべてを終える。宝塚が1日少ないのは本拠地ゆえか。スターの立ち位置、照明をどう当てるかなどこの数日で細やかなところが決められる。舞台稽古で、演出家の先生からカツラや髪飾りのダメ出しが入ることも多く、この期間、娘役に寝る時間はないらしい。ここで早替わりが間に合わないと気付くこともある。お衣装部も大変である。

日	月	火	水	木	金	土
大劇場	前楽	千秋楽	舞台稽古	舞台稽古	初日	⇒
東京	千秋楽		舞台稽古	舞台稽古	初日	⇒

舞台写真

【ぶたいしゃしん】

公演中の写真。紙焼き写真をキャトルレーヴで販売している。「絶対もっといい写真あったよね！？」「何でここ？あのシーンの写真ないの！？」「これ選んだ人ファンの気持ちがわかってないわ〜」などと思いつつもつい買ってしまうが、実はこの舞台写真やポストカードの写真は、候補の中から生徒本人がある程度選ぶという。ツボに合っていなくても贔屓が選んだと思えばかわいく見えてくるから不思議である。2枚以上購入すると写真に傷をつけないためなのか、キャトルのお姉さんが表同士を内側にして袋に入れてくれる。

プチ・ミュージアム

【ぷち・みゅーじあむ】

2014年にリニューアルオープンした「宝塚歌劇の殿堂」の前身。大劇場に隣接し、常設展とそのときに公演している組のものが展示されていた。入場料は400円。衣装を見ると、生徒のあまりの細さ、手足の長さに改めて驚き、「本当に同じ人間なのだろうか」と考え込むのは定番である。

フランク・ワイルドホーン

【ふらんく・わいるどほーん】

1959生まれ。ブロードウェイで活躍するアメリカ合衆国の作曲家。2006年宙組トップコンビ（和央ようか・花總まり）の退団公演である『NEVER SAY GOODBYE』を全曲書おろした。2014年和央ようかと婚約、翌年ハワイで挙式。ツーショットが公開された際は一見すごい歳の差なのかと驚いたが、その差はたった9歳であり、それはそれで新たな驚きがあった。

振りうつし
（振り起こし、振り固め）

【ふりうつし（ふりおこし、ふりがため）】

振り付けをしてもらうのとは異なり、振りを誰かに教えてもらうこと。新人公演や全国ツアー公演では本役に振りうつししてもらう。タカラジェンヌは他の舞台人に比べて振りうつしをする機会が多く、うつすほうもうつしてもらうほうも勉強になるという仕組みはさすがである。他の仕事や組替えなどの都合で途中から稽古に参加した場合も振りうつしが行われる。「振り」関係の言葉は多く、過去の振り付けを映像などから再度起こすこと、また過去のダンスの振りを思い出す稽古を「振り起こし」、振付の細かい箇所を丁寧に確認して行くことを「振り固め」という。ビデオを見ながら、「ここはこうなっているん

ば

だ」「あなたがこうだからこうなって」など、稽古している生徒を想像するのは楽しい。

振り落とし

【ふりおとし】

吊ってあった幕を落として幕の後ろに用意されていた舞台を見せる演出方法。これにより瞬時に場面転換できる。元は歌舞伎から生まれた。落ちた幕が袖に引っ張られていくのをつい目で追ってしまう。

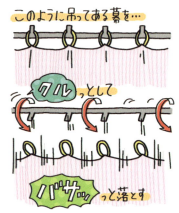

振り付け

【ふりつけ】

ダンスや日舞で曲に合わせたステップ、動きのこと。また、振り付け家の先生に振りを付けてもらうこと。蘭寿とむ曰く「トップは一人で踊ることが多いから日にちがたつとどんどん省略してしまう。だから覚えるために振り付け時に楽譜に細かい振りを書く」。そのまじめさに感服。

Brilliant Dreams

【ぶりりあんとどりーむす】

スカイステージのオリジナル番組の中でも神回が多い人気番組。略してブリドリ。「stage編」では視聴者からのアンケートを元に舞台の角度から、「personal」編ではオフの角度から各組の人気スターを徹底解剖する。七海ひろきが男役同士の壁ドンで視聴者を騒然とさせたり、瀬戸かずやがアルバイトで培ったオムライス作りの腕前とともに見事な「オムライス筋」を披露したり、初回放送は深夜が多いにもかかわらず、SNSで祭りが起こることも。ちょっと古めな画面作りをする番組が多い中、洗練された画面作りに、スタッフのただならぬ気迫を感じる。

Brilliant Dreams +NEXT

【ぶりりあんとどりーむすぷらすねくすと】

『Brilliant Dreams』が終了したのではなく、並行して放送される番組。「personal」編をパワーアップさせたもの。略してブリドリネクスト。もともとは紅ゆずるの『Brilliant Dreams Personal編』の紅5があまりに人気で、その

後、続編企画が全6回の『Brilliant Dreams +NEXT』として放映されたのが始まり。シュールな展開のミニドラマ『名探偵SAGIRI』に主演した早霧せいな、宝塚のダンスの名場面を踊りまくる朝夏まなと、宝塚オタクであることを惜しげもなく披露した望海風斗、ときめきと潤いをテーマにミニドラマを展開した七海ひろきと過去5人のスターがこの番組をやっている（七海編以外はDVD化）。2017年1月より美弥るりか編が放送。

フルール

【ふるーる】

大劇場内にあるカフェテリア。うどんやカレーなどの軽食を販売しており、公演前や公演後などに気軽に利用できる。少々ジャンクながら、たこ焼きがおいしいという遠征組は多い。明石焼きも売られているが、実はたこ焼きとまったく同じで、ソースをつけたらたこ焼き、おだしをかけたら明石焼きとなる。

プログラム

【ぷろぐらむ】

公演ごとに販売される冊子でキャスト、スタッフ、あらすじ、歌詞、コメント等が掲載されている。また大劇場版には稽古写真、東京版には舞台写真が掲載される。2009年より突如表紙にトップスターの写真が使われるようになった。

プロローグ

【ぷろろーぐ】

物語の導入部。序章、序幕、前置きともいう。お芝居に限らずショーでもこれのある場合がある。これから始まる舞台に観客をグイ！と引き込む大事なところ。

文化祭

【ぶんかさい】

音楽学校本科生の卒業公演でもあり、毎年2月に2日間にわたってバウで行われる。予科生はコーラスなどで参加。メイクも施し、衣装も劇団のものを着用、構成や演出も劇団の先生が行う。チケットの発売があるので親族や知り合いでなくても観に行くことができ、ここから目をつけ、入団前から成長を見守っていくファンもいる。

ペガ子

【ぺがこ】

『ベルサイユのばら―オスカル編―』で一幕の終わりにオスカルが乗るペガサスのセットのこと。2006年雪組の朝海ひかる演じるオスカル（通称コムカル）で初登場。『我が名はオスカル』を歌うコムカルにウットリしたいところだが、目の前の光景がにわかに信じがたく、クレーンの仕掛けでかなり高くまで飛ぶペガサスと満面の笑みのコムカルはかなりショッキング。幕間の話題はこれで持ちきりであった。「ペガ子」と親しまれ、ぬいぐるみも販売された。ペガ子は2014年宙組のベルばらでも登場。奇しくもコムカルのとき、新人公演でアンドレを演じた風稀かなめが乗った。雪組で出会った2人が宙組で再会。不思議な縁を感じる。

ベルサイユのばら

【べるさいゆのばら】

宝塚の代名詞ともいえる、宝塚史上最大のヒット作。原作は池田理代子、潤色・脚本は植田紳爾、初演の演出は長谷川一夫。1974年

の初演から何度も再演を繰り返し、2006年には通算上演回数1,500回を突破。2014年には通算観客動員数500万人を突破。『オスカル編』、『オスカルとアンドレ編』、『アンドレ編』、『フェルゼンとマリー・アントワネット編』、『フェルゼン編』とトップスターにより脚本は変わる。2008年より新作『外伝　ベルサイユのばら』が加わり、『ジェローデル編』、『アラン編』、『ベルナール編』ができた。『アンドレ編』には外伝もある。

ベルばら四天王

【べるばらしてんのう】

初演を含む"昭和ベルばら"で活躍した榛名由梨、安奈淳、鳳蘭、汀夏子のこと。またの名を「ベルばら四強」。

ペロメー

【ぺろめー】

『翔んでアラビアン・ナイト』('83／月）で専科の岸香織が演じた役。「宝塚でもここまでやるのか！」と最強の衣装に身を包み登場した。スカイステージ『JURIの宝塚音楽同好会』で芹香斗亜が同公演をやりたいと言い出し、オールドファンはペロメーの行方が気になっている。

編集部のお姉さん

【へんしゅうぶのおねえさん】

『歌劇』や『宝塚GRAPH』など公式書籍の編集部の女性のこと。贔屓の撮影につきっきり？　書籍に載っていないショットが見放題？　あの方とあの方であんな企画ができるなんて！　ファンなら一度は憧れる職業である。空想はふくらむばかりだが実際は……!?

北翔海莉

【ほくしょうかいり】

1998年入団。84期生。愛称「みっちゃん」。月組に配属。2006年宙組に組替え。2012年専科に異動。2015年星組に組替え、トップスターに就任。相手役は妃海風。同年『ガイズ＆ドールズ』で大劇場お披露目。2016年『桜華に舞え／ロマンス!!(Romance)』で妃海と同時退団。在団中に食いっぱぐれを心配し、中型自動車に大型自動車、大型特殊自動車、牽引の運転免許などを取得。しかし三拍子揃った実力に加え、あふれんばかりの人情味、神と呼ばれる余興力、二度と同じものは見せないアドリブ力、いちいちうまいトーク力に、要らぬ心配であると誰もが思っているに違いない。

星組

【ほしぐみ】

1933年に創設された4番目の組。花組誕生から12年で4組が揃い、1998年の宙組創設まで（途中9年間の3組体制を経るが）一番新しい組であった。カラーは青、水色。長身の男役が多く衣装の着こなしが抜群で、『コスチューム・プレイの星組』といわれていた。その頃、入り出でも王子様のような衣装を着てスターブーツを履いていたため、星組の男役はみんな自前のスターブーツを持っているというウワサがささやかれた。宙組の創設以来長身は宙組の担当になっていたが、このところ、星組も長身男役が増えている。

ポスター

【ぽすたー】

演目が決まり、キャストが決まり、次にポスター画像が発表されると、グッと公演のイメージが伝わってくる。贔屓の初ポスター掲載は嬉しいもの。最近はwebでまず先行画像がアップされ、時間差でポスター画像がアップされる。ポスター画像をPDFでダウンロードできるというサービスはさすがデジタル時代である。

Misty Station ('12／月)　Shining Rhythm! ('12／雪)　クライマックス ('12／宙)　Celebrity ('12／星)　ロミオとジュリエット ('12／月)

ポストカード

【ぽすとかーど】

キャトルレーヴで季節や公演ごとに販売されるグッズのひとつ。プログラム柄やポスター柄、個人の舞台写真だけでなく歌劇に掲載されたポートレイトなどオフのものもある。写真と違うのは名前など文字デザインが入っていること。スターのみの販売なので、贔屓がポストカードを発売開始するのはとにかく嬉しい。贔屓のポストカードを購入してご本人に手紙を書くというのは、宝塚ならではのめずらしい光景である。

ボレロ

【ぼれろ】

スペイン起源の3拍子のダンスまたは音楽を指す。なかでもフランスのラヴェルが作曲したバレエ音楽は有名で、宝塚のショーでもたびたび使用される。ショーの終盤のトップコンビによるしっとりボレロもいいが、ボレロといったらやはり黒燕尾の群舞。タッタタタタッ、タタタタタッタッ、と静かに始まり、大階段を少しずつ降りてくる。テンポの早まりや曲の盛り上がりに合わせて熱く激しくなりながらも、まったく乱れずますます美しくなるダンス。曲の高まりと共に最後は大きく盛り上がる。日本物で使われることもあり、『さくら』('07／星）では安蘭けいと遠野あすかが着物で『さくらのボレロ』を踊った。

盆（盆回り）

【ぼん】

回り舞台の通称。舞台中央の丸い部分が360度回転する。スピードは最速で一回転60秒。生徒は盆が回る中でも常に客席を向いて踊っているが、さすがに稽古場に盆はないので公演直前大劇場での稽古に入って初めてそこの調整ができる。盆の中には「セリ」が4つあるのでそれと合わせることで、「盆回りセリ上がり」「盆回りセリ下がり」と、より心憎い演出ができる。ファンは駅や空港の「動く歩道」に出くわすと、盆に乗る練習のつもりで不自然にならないよう優雅に乗り降りしてしまう。先生、私たちいつでも盆に乗り降りする演出に対応する準備はできています。

本科

【ほんか】

音楽学校2年目。校則は予科より緩くなり、ローファーではなくパンプスがはけるようになり化粧も許可される。予科生から本科生になり音楽学校生は急に大人になるのだ。朝の掃除がなくなり放課後も自分の時間になるため、それぞれのレッスンへ通えるようになる。より自分の芸を磨く時間が増えるのである。本科7月には北海道への修学旅行もある。スカイステージや『宝塚GRAPH』などで、このときの写真を披露してくれることがあるが、

「組は違うのに2人は実は仲良しなのね！」とか、「ソフトクリームおいしそうに食べている！」など、まさにお宝写真。スターの昔ほどときめくものはないのだ。

本公演

【ほんこうえん】

宝塚大劇場と東京宝塚劇場で約1ヶ月行われる公演のこと。以前は東上しない公演もあったが、宙組ができてからはすべての公演が宝塚と東京で行われるようになった。原則として大劇場で公演したのち、東京にやってくる。主に芝居とショーやレビューの2本立て。海外ミュージカルや著名な原作の作品は一本物が多い。オケボックスでの生演奏に加え、あれだけの広い舞台に銀橋や盆、セリなどの舞台装置を駆使した演出、そして何より大階段を観られるのは本公演だけ。きらびやかな世界である。

本通し

【ほんとおし】

稽古も最終段階の、途中止めずに通しでする稽古。

本舞台

【ほんぶたい】

銀橋や花道ではないメインの一番広い舞台。

本役・本役さん

【ほんやく・ほんやくさん】

本公演での配役、また、それを演じる生徒。スカイステージなどの新人公演のトークでよく出てくる言葉。新人公演でその人の役になると、稽古中はもちろん、舞台でも袖から時間がある限り見ているという。お手伝いに入ることも多い。だからだろうか、そのスターが成長したときに、新人公演の本役さんの色がどこかににじみ出るような気がする。

本読み

【ほんよみ】

脚本を読む稽古。脚本ができている場合は、初日から本読みが行われることもある。その後、立ち稽古へと続く。通常学年順で座るが小池作品では作品の中のグループごと座らせるらしい（御庭番衆談）。

宝塚トップスターの血液型

トップスターに向く血液型がある？

　平成以後の宝塚の男役トップスターと娘役トップスターの血液型を調べてみると、日本人の平均と大きく違う。10人日本人がいたら、そのうち4人がA型、3人がO型、2人がB型、1人がAB型だが、宝塚の男役トップスターは4人がO型、3人がB型、そしてA型2人でAB型が1人。O型とB型が多く、A型が少ない。一方、娘役トップスターはA型が6人、O型が3人、B型が1人、そしてAB型はほとんどいない。

　一般にA型の性格としてよくいわれるのは、受け身、心配性、周囲との協調性がある、義理堅いなど。どちらかというと従順なイメージで、男役あっての宝塚で、たしかにA型は娘役に向いてそうだ。一方、男役トップスターに多いO型はおおらか、リーダーシップがあるなど、組の顔であるトップスターの立場と重なるイメージ。B型も自由闊達で、個性を伸ばす感じがトップスターとして確かによさそうな気がする。

　ちなみに、日本人の平均より多いのが男役トップスターのAB型の割合。全体で13％と平均の8％より少し多いくらいだが。ただし、花組の春野寿美礼、月組の瀬奈じゅん、星組の安蘭けいがトップスターだったときは5人中3人がAB型だった。しかも、安蘭けいの相手役の遠野あすかもAB型。平成に入ってからの娘役トップスターでAB型なのは遠野あすかと純名里沙だけ。AB型コンビの希少性はかなり高いといえるだろう。

※平成以降の男役トップスター47人のうち、A型11人、O型は16人、B型は14人、AB型は6人。娘役トップスター43人のうち、A型25人、O型11人、B型5人、AB型2人。

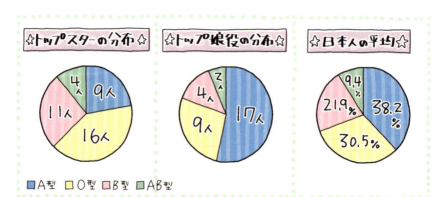

アネモーネ澤田監修

ま行

【ま行の言葉】

前楽／真矢みき／漫画／マント／緑の袴／ミヒャエル・クンツェ／ME AND MY GIRL／ミーミル／娘役／胸押さえ／ムラ／名探偵SAGIRI／メモリアルブック／もみあげ etc.

前楽

【まえらく】

千秋楽の前、最後から2回目の公演。トップスターのサヨナラの場合、前楽でもサヨナラショーが行われる。大楽はその後の挨拶に備えて着替えなければならないためアンコールはないが、前楽は時にアンコールが行われる。たとえば、蘭寿とむのサヨナラショーでは、数回クンバンチェロが繰り返された。映像にも残らないためその場にいた人限定のお宝記憶となった。

真琴つばさ

【まことつばさ】

1985年入団。71期生。愛称「マミ」。花組に配属。1993年月組に組替え。1997年トップスターに就任。相手役は風花舞と檀れい。同年『EL DORADO』で大劇場お披露目。2001年『愛のソナタ／ESP!!』で退団。『THE 夜もヒッパレ』などメディアにも多く出演し宝塚ファンを獲得したカリスマで、育ちがよいお坊ちゃまや青年将校がよく似合った。機転のきいた会話術で退団後はTVのバラエティ番組への出演も多い。

正塚晴彦

【まさつかはるひこ】

劇団所属の演出家。1976年入団。愛称「ハリー」。1985年『テンダー・グリーン』(花)で大劇場デビュー。どこかの架空の国でのレジスタンス、友情のためならすべてを捨てるなど、その作風には男の美学が詰まっている。同時にコメディタッチの作品も割と多い。コスチューム物よりスーツ物が多く、舞台セットは少々暗めでシンプル。男役の「あぁ」「そうだな」というあいづち、どんなときでも「〜よ」な娘役の語尾といった、独特のセリフ回しを聞くと、「マサツカ作品を観たな」とつくづく思う。代表作は『銀の狼』('91／月)、『BOX MAN』('04／宙)、『マジシャンの憂鬱』('07／月)など。

松本悠里

【まつもとゆり】

1957年入団。44期生。愛称「ミエコ」。雪組に配属。1974年、専科へ異動。1989年、劇団理事に就任。2014年、現役生徒で唯一宝塚歌劇の殿堂入り。日本舞踊の名手であり、100周年の『宝塚をどり』('14／月)での祝典舞踏など和物ショーで大劇場に出演することが多い。90周年大運動会のときの『マツケンサンバ』でのキレッキレな動きは宝塚ファンの大切な記憶のひとつ。

真飛聖

【まとぶせい】

1995年入団。81期生。愛称「ゆう」。星組に配属。2005年花組に組替え。2007年花組トップスターに就任。相手役は桜乃彩音と蘭乃はな。2008年『愛と死のアラビア／Red Hot

Sea』で大劇場お披露目。2011 年『愛のプレリュード／Le Paradis!!』にて退団。誠実でまっすぐな主人公がよく似合うスターだった。一方で『EXCITER!!』('09／花）の Mr.YU などコミカルな役もこなした。初舞台が阪神大震災からの復帰公演で、サヨナラ公演中に東日本大震災が起こった。震災直後の東京公演では、組子が日替わりで募金箱を持つかたわらに、毎日黒燕尾に着替えて立った。

真矢みき

【まやみき】

1981 年入団。67 期生。愛称「みき」。花組に配属。一期上の安寿ミラと共に「ヤンミキ時代」を築く。1995 年『エデンの東』より花組トップスターに就任。相手役は純名里沙と千ほさち。「男が青いシャドウなんて」とグレーや茶系を使用し、化粧は薄めに。劇団初の日本武道館ソロコンサートをつんく♂プロデュースにより開催。篠山紀信撮影の写真集『GUY』ではまだ現役バリバリの男役だったがワンピース姿を披露したり、キムタク大人気のロン毛全盛期にそれを男役に持ち込んだりと、とにかく宝塚にないものをガンガン取り入れ「宝塚の革命児」と呼ばれた。「男役」であったがむしろ「その時代の男」だった。1998 年『SPEAKEASY／スナイパー』で退団。退団後は『踊る大捜査線』などに出演し「頼れる女上司」として、宝塚ファン以外も魅了。トークセンスも抜群で 100 周年記念式典では司会に抜擢された。

漫画

【まんが】

宝塚歌劇では多くの漫画を原作とした舞台を上演している。『紫子』（原作『とりかえばや異聞』）（'87／星）、『源氏物語　あさきゆめみし』（原作『あさきゆめみし』）（'00／花）、『猛き黄金の国』（'01／雪）、『エル・アルコン—鷹—』（'07／星）など和洋問わない時代物から、『ブラック・ジャック　危険な賭け』（'94／花）、『メイちゃんの執事』（'11／星）まで、現代物も好評を博している。記憶に新しいのは『ルパン三世—王妃の首飾りを追え！—』（'15／雪）、『るろうに剣心』（'16／雪）。宝塚の総力を結集したコスプレ力は期待を裏切らず、原作に忠実……どころか舞台映えする原作以上に立派な衣装、忠実でありつつきちんと似合う色に落とし込んでくるカツラ。何より歌、ダンス、そして盆が回りセリが上げ下げする舞台機構と、原作ファンから「ありがとう」と言われることが多々ある。『るろうに剣心』のパンフレットで小池修一郎が「流行の漫画原作による『2.5 次元ミュージカル』とは一線を画する」とおっしゃっているのもうべなるかな。もちろん、そうした舞台を楽しめるのも原作者である漫画家先生の上演許可があってこそ。感謝しかない。

マント

【まんと】

外套の一種。外国の時代物（国王、貴族、騎士など高い身分の役）、またスペイン物でよく使われ、軍服やタキシードなどとセットで着用されることが多い。斜め掛けにされたマントは、少しラフでアシンメトリーなシルエットでこれまたカッコいい。ちょっとした動きによって華麗に翻る「マント捌き」もスターの腕の見せ所。ある程度の重さがないとチープに見えるし、重すぎるとうまく翻らず、ちょうどよい重さで見栄えのよいマントは衣装部の長年の経験があってこそ。また、館内の空調や裏からの風の流れがあり慣れていない劇場での「マント捌き」はより難しいとか。

三木章雄

【みきあきお】

劇団所属の演出家。1971年入団。入団後は鴨川清作の元で学ぶ。1980年『ファンシー・ゲーム』（星）で大劇場デビュー。2014年宝塚歌劇の殿堂入り。テーマにこだわるというよりも、明るく華やかなシーンが次々に繰り広げられるショーを作る。代表作に『コパカバーナ』（'06／星）、『ロック・オン！』（'10／雪）など。

汀夏子

【みぎわなつこ】

1964年主席入団。50期生。愛称「ジュンコ」「ジュンちゃん」。雪組に配属。1970年『パレアナの微笑み』で郷ちぐさと共に雪組トップスターに。1972年単独トップとなる。1975年『ベルサイユのばら―アンドレとオスカル編―』でオスカルを演じ大成功を収め、ベルばら四天王、ベルばら四強の1人として人気を博した。当たり役は1976年『星影の人』の沖田総司。劇中、「後2年か……、忙しくなるな」と沖田総司が寿命を悟ってつぶやくセリフがあるが、このとき汀本人も「後2年で退団しよう」と考えていたという。1980年『去りゆきし君がために』で退団。

CONGA!!
（'12／花）

銀河英雄伝説
@TAKARAZUKA
（'12／宙）

GOLD SPARK！
―この一瞬を永遠に―
（'12／雪）

Étoile de TAKARAZUKA
（'12／星）

ベルサイユのばら
―オスカルとアンドレ編―
（'13／月）

水夏希

【みずなつき】

1993年入団。79期生。愛称は「ミズ」「チカ」「ナツキ」。月組に配属。1998年花組、2000年宙組、2005年雪組に組替え。2006年雪組トップスターに就任。相手役は白羽ゆりと愛原実花。2007年 AQUA5 結成。同年『エリザベート』で大劇場お披露目。2010年『ロジェ／ロック・オン！』で愛原と同時退団。ソフト帽から除くシャープなあごのラインで、スポットライトがあたらずともその存在を知らしめる。男らしい舞台姿とオフのオネエ感のギャップがファンを魅了。『RIO DE BRAVO!!』（'09）での客席へのポンポン指導など、ファン一体型公演への取り組みはまさに時代の先取り。なお、伝説の雨女としても知られる。

みづら

【みづら】

古代の日本における皇族や貴族の男性の髪型。男優がこの髪型をすると「日本誕生・大和武尊」といった荒々しい印象になるが、タカラジェンヌはかなりかわいい。瀬奈じゅん、貴城けい、大空祐飛の3人が同期共演した『飛鳥夕映え』（'04／月）では「誰が一番かわいいか」で競ったという。

緑の袴

【みどりのはかま】

生徒がイベントや式典の際に着用している袴。黒紋付と合わせると劇団の礼装となる。娘役が髪飾りを着ける際はこの緑に合わせる（葬儀の際は黒）。初期はさまざまな色の袴を着用していたが、1921年生徒が買ってきた緑の袴が小林一三の目にとまり、それ以来緑に統一された。一般的な袴の裾はくるぶしの辺りに合わせるが、この裾は「袴と足袋の間に

オーシャンズ11　Amour de 99!!　ベルサイユのばら　ロミオとジュリエット　Fantastic Energy!
（'13／花）　－99年の愛－　－フェルゼン編－　（'13／星）　（'13／月）
　　　　　　（'13／宙）　（'13／雪）

少し足首の肌をのぞかせるように」履くのが正式な着方。宝塚における"絶対領域"は太ももではなく足首にある。紐は「乙女結び」と呼ばれる宝塚独特の形で結ぶ。宝塚音楽学校に合格するとすぐにこの袴を作り、5月のすみれ売りで予科生として初めて着用する。その後、退団公演の挨拶のときまでずっとお世話になるのである。

稔幸

【みのるこう】

1985年入団。71期生。愛称「NORU」。星組に配属。1998年星組トップスター就任。相手役に星奈優里。1999年『WEST SIDE STORY』でお披露目。2001年『ベルサイユのばら2001―オスカルとアンドレ編―』で星奈と同時退団。スラリとしたスタイル、貴公子のような雰囲気が素敵で、スターブーツがよく似合うまさに星の王子さま。王子のようなつるつる美肌、抜群の脚の長さも忘れられない。

ミヒャエル・クンツェ

【みひゃえる・くんつぇ】

日本では『エリザベート』でおなじみのドイツの作詞家、作家、脚本家。

ミルク

【みるく】

『エリザベート』('96／雪)の曲。エリザベートが美容のためにミルク風呂に入るなどぜいたく三昧だったのに対し、ウィーンでは経済状況の悪化からミルク不足になり、暴動を起こす寸前となる。そんな状況を描いた場面である。民衆たちが銀橋にズラリと並ぶようになったのは2002年の花組バージョンから。たくさんの民衆が登場するため、よく見るとあの役のあの人もコッソリ出ていたりする。クライマックス、革命家たちは民衆とは別の歌詞を歌っているので、耳をすませてみよう。

ME AND MY GIRL

【みーあんどまいがーる】

1930年代後半のロンドンを舞台にしたミュージカルで1937年にロンドンで初演。宝塚の初演は1987年月組。一本物。剣幸（ビル）×こだま愛（サリー）×涼風真世（ジャッキー）のトリオがそれぞれの個性に合ったまさに当たり役で、当時も今も珍しいロングラン公演が行われた。1年間女役では可哀想だと、主役のビルを涼風が演じる役替りも上演。再演を繰り返しているが近年は役替わりも見どころのひとつ。本公演としては3度目の再演となった2016年花組も大盛況のうちに幕を閉じた。「ミー＆マイガール」というセリフを「僕と僕の女の子」と訳すセンスには疑問も残るが、なかなか別の訳が浮かばないのもまた事実。

ミーミル

【みーみる】

『白夜伝説』('92／星)に登場する盲目の妖精の役。研2の花總まりが娘役2番手のこの役に大抜擢された。このとき、肩にのせてい

た動物ピクシーの声をしていたのは出雲綾。後に宙組のトップ娘役と組長（宙組発足時は副組長）として再会するとはこの頃は知る由もなかったはずである。

娘役

【むすめやく】

娘役は男役に寄り添って花を添える……。といっても、添え物ではなく自立しており、いかに相手の男役をより男っぽく、よりカッコよく、より素敵に見せるかなど、求められるものは想像以上に大きい。背丈の小さい男役と並ぶときにはドレスの中で膝を折る、華奢な男役に軽々リフトされるように見せる、華奢に見えるよう首筋を浮かせるなど、こういった「娘役芸」があってこそ、男役は「男」に見えるのである。女性の役を演じる生徒が「娘役」なのではなく、娘役芸に磨きをかけて女性を演じるのが「娘役」なのである。よって男役がたまに娘役をしても「娘役」とはいわず、あくまで「女役」または「女装」。舞台上での髪飾りやアクセサリーはほぼ自作であり、普段のヘアアレンジももちろん自前。カツラを被らないお稽古中でもそれっぽい髪型にしたり、なるべく毎日同じ髪型にしなかったりと努力を惜しまない。編み込み技術はもはやプロのヘアメイクアーティストに引けを取らない。女子力などとうの昔にクリアし、娘役力に向けて全力疾走している。

胸おさえ

【むねおさえ】

男役の補正下着で胸を平らにするもの。さらしですぐ巻けるものを作る場合もある。退団後豊満なボディを惜しみなく披露している大和悠河だが（ファンは皆「たにちゃん、どこに隠していたの？」と驚いた）、新人公演の際、あまりに胸元があいたブラウスだったためこれを使用することができず、テーピングで胸を背中に寄せたことを告白している。これとは別に体に厚みを持たせる胸布団もある。男役の体型補正は必須なのである。

ムラ

【むら】

本拠地である宝塚大劇場及びその一帯。宝塚駅から宝塚南口駅までの一帯を指す。1954年に市制が敷かれるまでは「村」だったので今でもこう呼ばれているという説がある。ムラの特権としては、本公演の幕が先に上がるのでいち早く観られること、入り待ちでは生徒と一緒に歩けること（通称「おとなり歩き」）、公演中ではない組の稽古の入り出も見られることなど。ムラが心の故郷であるのは生徒も卒業生もファンもみな同じ。パワースポットであり、関西在住以外のファンにとって、ムラは憧れの地である。

名探偵SAGIRI

【めいたんていさぎり】

スカイステージの『Brilliant Dreams + NEXT』で放送された、早霧せいな主演、早花まこ企画によるミニドラマ。ドラマ本編約15分、メイキング約15分の30分番組で計6回放映された。孤高の探偵SAGIRIと助手のホタテマン（帆風成海）に加え、毎回違う雪組生のゲストが登場。最終回には当時の雪組トップスター音月桂も出演した。舞台は基本的にムラ周辺だが、京都太秦映画村で撮影が行われた大がかりな回もある。雪組が東京公演中には東京ロケも行われた。脚本、演出、小道具、カメラワーク、エンディング全てがゆるゆるの脱力系ドラマである。

メモリアルブック

【めもりあるぶっく】

トップスターの退団記念に発行されるムック。撮り下ろしショットに加え、歌劇やグラフに掲載されていた写真や記事など、入団から退団までの軌跡をたどることができる1冊。以前はサヨナラ写真集だったものが写真集とメモリアルブックの2冊組になり、近年はメモリアルブックが主流になった。併せて大劇場のサヨナラショーなどをおさめた退団記念DVD、東京の千秋楽に密着したDVDと退団記念グッズが続々発売される。これが贔屓最後の宝塚の男役姿である。誰が買わずにいられようか。

もみあげ

【もみあげ】

男らしさの象徴であるもみあげ。メイクで足すことが多いが、宝塚らしさは忘れない。ルパン三世や銭形警部はこれがトレードマークといっても過言ではないが、宝塚要素は残してくれて、「付けもみあげ」までには至らず、少しホッとした。もみあげは横に長く書くと年齢高め、短めにスッとすると年齢若めになるという。

杜けあき

【もりけあき】

1979年入団。65期生。愛称は「もりちゃん」「かりんちょ」。雪組に配属。1988年雪組トップスターに就任。相手役は鮎ゆうきと紫とも。1989年『ムッシュ・ド・巴里／ラ・パッション！』で大劇場お披露目。1993年『忠臣蔵』で退団。ギャツビー、ルドルフ・ヴァレンチノや大石内蔵助に代表される、甘くて陰のある男を演じたらピカイチ。確かな歌唱力と演技力で、日本物の雪組を引っ張った。1993年、菊田一夫演劇賞を受賞。「萩の月」初代CMキャラクター。

モン・パリ

【もん・ぱり】

1927年に花組で上演された日本初のレビュー、『吾が巴里よ〈モン・パリ〉』。今となっては宝塚の代名詞であるラインダンスや大階段（まだ16段）はこの作品で初めて登場した。主題歌『うるわしの思い出　モン・パリ』は、レコード約10万枚を売り上げるほど大流行。モン・パリとはフランス語で「私のパリ」という意味だが、宝塚ファンにとってモンパリはひとつの単語であり、もはや「私のモンパリ」である。

107ページ回答

やらわ行

【 やらわ行の言葉 】

八百屋舞台／役替り公演／ヤンミキ／予科本科／余興／予習／嫁／来週の月曜、旅に出よう！／ラインダンス／リフト／リーゼント／レビュー／路線／ロマンチック・レビュー／私だけに／わっかのドレス etc.

八百屋舞台

【やおやぶたい】

奥から手前に傾斜をつけた舞台のこと。語源は八百屋の店先で斜めに並んでいる野菜の棚。『ノバ・ボサ・ノバ』('71／星）のあの傾斜であり、「シナーマン」の裸足で前後左右に駆け回るシーンは、独特の振りとあいまってこの演目の見せ場のひとつ。八百屋舞台ならではの奥行きと転がるように走ってくる勢いで、他では観たことのないような大迫力のシーンになっている。

役替り公演

【やくがわりこうえん】

ひとつの公演の中で日によって別の役を演じること。公演期間を前後半に区切って交替したり（3人の場合は3分割）、ローテーションしたりする。役替りの定番公演としては、『ベルサイユのばら』、『ノバ・ボサ・ノバ』、『ロミオとジュリエット』など。『エリザベート』のルドルフ役も定番で、人気曲『闇が広がる』をいくつかのバージョンで観られるのはたまらない。また同じ演目で贔屓の2～3役が観られるというラッキーも。そこから転じて、2～3倍の回数観なくては！という強迫観念に陥るため、財布泣かせでもある。

八千草薫

【やちぐさかおる】

1947年入団。34期生。愛称「ヒトミちゃん」。花組に配属後、演劇専科、映画専科に在籍。春日野八千代の相手役を務めたこともあった。退団後は日本を代表とする女優として活躍。おっとりした優しい佇まいを拝見するたびに

Mr. Swing!
('13／花)

風と共に去りぬ
―レット・バトラー編―
('13／宙)

CONGRATULATIONS
宝塚!!
('13／雪)

眠らない男・ナポレオン
('14／星)

TAKARAZUKA ∞ 夢眩
('14／花)

現役時代を生で拝みたかったとウットリする。100周年の記念式典でも上品でふんわりとしたワンピース、そそとした雰囲気でひとり異彩を放っていた。「宝塚出身でいてくれてありがとう」と感謝してやまない大先輩である。

闇が広がる
【やみがひろがる】

『エリザベート』('96／雪) でも上位を争う大人気曲。不安でたまらないルドルフがトートに手を取られ徐々に距離を詰められながら進む銀橋、近づく顔、何度観てもドキドキしてしまう振り。ルドルフが会場中を根こそぎファンにしていくシーンである。怯えるルドルフに嬉しそうに、まるで獲物をつかまえるかのように追っていくトートもたまらない。

大和悠河
【やまとゆうが】

1995年入団。81期生。愛称「ゆうが」「たに」。月組に配属。2003年宙組に組替え。2007年宙組トップスターに就任。相手役は陽月華。同年『バレンシアの熱い花／宙FANTASISTA!!』で大劇場お披露目。2009年『薔薇に降る雨／Amour それは…』で陽月と同時退団。スカイステージの過去映像を見てもあの美人集団の中で下級生時代から人一倍華があり、見切れるだけで目を奪われる存在であった。抜擢も早く新人公演で6度の主演を果たす。美貌に反して周囲をざわつかせるほど字が美しくなく、もはやネタとしか思えない。ご本人の美しさと併せて語り継いでいきたい。

ヤンミキ
【やんみき】

花組トップスター安寿ミラ(ヤン)と2番手スター真矢みき(ミキ)のこと。人気を集めた男役のコンビ。2人が出演した作品は数多いが、代表作はやはり『メランコリック・ジ

TAKARAZUKA 花詩集100!!①　　TAKARAZUKA 花詩集100!!②　　ベルサイユのばら　　My Dream TAKARAZUKA　　パッショネイト宝塚！
(100人ロケット)　　　　　　　　　('14／月)　　　　　　　　　ーオスカル編ー　　　　　　('14／雪)　　　　　　　　　　('14／星)
('14／月)　　　　　　　　　　　　　　　　　　　　　　　　　　('14／宙)

ゴロ』('93／花)。ぶっきらぼうだが優しいところのある安寿ミラ演じるジゴロのダニエルと、ちゃらんぽらんで口から先に生まれてきたような真矢みき演じるスタンの掛け合いで人気を博した。後々、さまざまな組で男役同士のコンビ（おさあさ、まさみりなど）が人気になるが、そうしたコンビのパイオニア的存在といえる。また、トップコンビや好きなコンビをそれぞれの愛称2文字を取って呼ぶスタイル（ちえねね、ちぎみゆなど）に関しても先駆けである。

雪組

【ゆきぐみ】

花組、月組に続き、1924年にできた組。組カラーは緑。『あかねさす紫の花』（初演は花組だが、その後何回か雪組により再演）、『大江山花伝』('86)、『忠臣蔵』('92)など日本物の芝居の上演も多く、「日本物の雪組」と呼ばれる。雪組生は皆、マイ袴を持っているらしい、羽二重を床山さんの手をわずらわせず自分でかぶるらしいといった伝説も多く、立ち回りも手馴れている。もちろん洋物も現代物も上演する。『伯爵令嬢』('14)、『ルパン三世―王妃の首飾りを追え！―』('15)、『るろうに剣心』('16)など、近年は漫画やアニメの原作が続き、こっそり「アニメの雪組」と呼ぶ人もいるとか、いないとか。

柚希礼音

【ゆずきれおん】

1999年入団。85期生。愛称「チエ」。星組に配属。2009年に星組トップスターに就任。入団11年目でトップスターに就任（就任時天海祐希の6年半に次ぎ、平成では2番目）、武道館単独公演（真矢みき以来2人目）、ディナーショー中継（前代未聞）、退団公演千秋楽をさいたまアリーナや映画館45ヶ所、台湾でライブ中継、サヨナラパレードには12,000人のファンが集結（史上最高）など、「レジェンド」と呼ばれるにふさわしいエピソードが多数。退団記者会見での「100周年を盛り上げたいと思っていた。微力ながら自分では力を尽くせたと思う。120％頑張ったけれどいかがでしたか」との問いかけに、テレビの前で泣きながら頷いたファンは数知れない。佇まいやダンス、声、歌、芝居など彼女の魅力は果てしなくあるけれど、ゴツい衣装から華奢な手を見せる生徒が多いなか、まさしく獅子のようなそのゴツい手にハートをわしづかみされたファンも多いはず。

夢まつり宝塚
【ゆめまつりたからづか】

'94年のTMPスペシャル。MCの安寿ミラが噛んでしまったことから「夢まつら」とも呼ばれている。従来の音楽祭に、以前行われていた愛読者大会（『歌劇』『宝塚グラフ』の愛読者のためのイベント）の要素を盛り込んで行われた。各組が総力を挙げて『風と共に去りぬ』（77／月）のパロディを演じる姿は、まさに余興を覗き見ているかのよう。まずは星組、バトラー（紫苑ゆう）とアシュレ（麻路さき）の恋物語。花組、雪組の女装祭り。雪組の8人のスカーレットの中には轟悠や和央ようかの姿も。トリは『風と共に去りぬ』を日本物にしてしまった月組。あの天海祐希のズーズー弁は見物。スカイステージでのTMPスペシャル、TCAスペシャルの一挙放映で、長らくパロディ部分の放映はされていなかったが、2015年12月にノーカット版がオンエア。一部の夢まつらオタクが狂喜乱舞した（らしい）。

夜明けの序曲
【よあけのじょきょく】

1982年初演のお芝居。植田紳爾、酒井澄夫脚本・演出。後に、参議院議員になった花組トップスター松あきらのサヨナラ公演である。「オッペケペー節」で知られる川上音二郎、貞奴夫妻らを描いた。初演時に芸術祭大賞を受賞している。「♪よあ〜けの」から始まる

サビが印象的な主題歌は、時代を越えて歌い継ぎたい名曲中の名曲である。

予科生
【よかせい】

音楽学校の予科（1ヶ年）に学ぶ生徒。いわゆる1年生。自由なことは何かあるのかと聞きたくなるほど厳しい規則と掃除の徹底ぶりは有名。荷物をどちらに持つかに始まり、さまざまなことでの「統一」を本科生より求められる。校則ではない。厳しすぎるほどの一年間だが、同期会で話に花が咲くのは予科時代の思い出ばかりというのもよく聞く話。この厳しさも普通の女の子がタカラジェンヌになるための通過儀礼なのかもしれない。

予科本科
【よかほんか】

一緒に音楽学校を過ごした上下の学年との関係をこう言うことがある。

余興

【よきょう】

宴会や打ち上げの際に、主に下級生が行うもの。予科の旅行から始まり、本科の修学旅行、劇団に入っても行われる恒例行事。月組には以前「宝屋月之丞一家」が、また星組には英真なおき率いる「英真エージェンシー」など余興集団が存在（英真は専科に異動したが、「英真エージェンシー」は現在も存続）。余興への熱い思いを語るスターは多い。「余興の女王」天真みちるの「タンバリン芸」はSMAPも絶賛。100周年の記念式典でも名だたるOGたちに、「あなたタンバリンの子ね」と言われ、本人は恐縮しまくりだったとか。どれもこれもファンが観られる確率などほぼ皆無の超スーパープレミア舞台である。

予習

【よしゅう】

次の演目がフランス革命を題材にしたものだとわかれば、猛烈にフランス革命を勉強し、実在の人物を演じるとわかればその人物に詳しくなり、あのマンガが原作だとわかれば全巻読破。ファンが世界史全体には大して詳しくないのに、ヨーロッパの一時期の歴史やロイヤルファミリーに異常に詳しく、要所要所で狭く深い知識を持っている裏にはそれを題材にした舞台が存在するからである。テスト勉強では全然頭に入らなかったことが、驚くほどスルスル入るのは愛あればこそ。

嫁

【よめ】

トップスターの相手役、その組のトップ娘役のこと。人の家庭事情を外から楽しむウワサ好きなご近所さんみたいに使うことが多い。トップスターの任期途中にトップ娘役がやめると次の相手役を「後妻」と呼んだり、トップ娘役なしのトップスターを「やもめ」と呼んだりすることもある。娘役に厳しいファンは多く、まるで姑のようである。

夜のボート

【よるのぼーと】

『エリザベート』('96／雪）の中の歌。晩年、1人で旅をしていたエリザベートのもとにフランツが訪れた場面でのデュエット曲。人生の最後くらい一緒にいたいと歌うフランツに、あなたがそうしたいだけ、ゴールは2つよと突っぱねるエリザベート。まさに永遠のすれ違い夫婦。プロポーズのときと同じ音楽というのがまた泣ける。

ヨーロッパ

【よーろっぱ】

宝塚ではヨーロッパを舞台にした演目が多い。

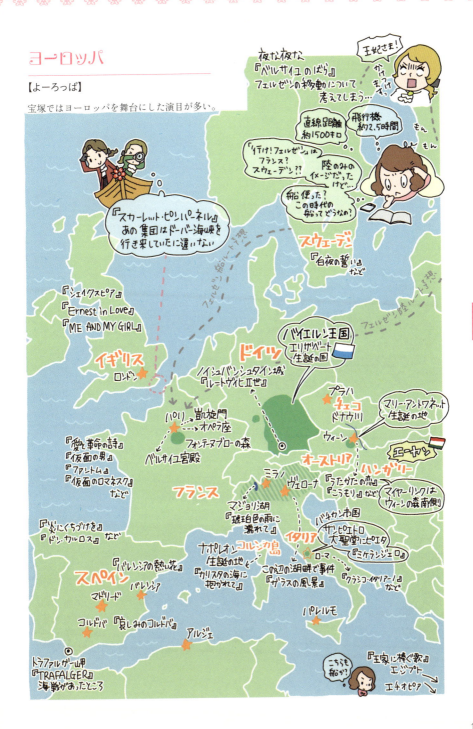

来週の月曜、旅に出よう！

【らいしゅうのげつよう、たびにでよう】

『うたかたの恋』（'83／雪）終盤でルドルフがマリーに言うセリフ。この旅の先は「死」なのだけれど、意を決したルドルフとそうと悟りながらも無邪気に返すマリーに涙がポロリ。普段使いされるセリフとしても有名で、もしこう誘われたなら「あなたとご一緒なら、何処へでも！」と返そう。

ラインダンス

【らいんだんす】

一列に並び同じステップを踏んだり足を上げたりするダンス。基本的に各公演1回は組み込まれるようになっており、主に下級生が出演する。通称「ロケット」。「ロケットボーイ」と呼ばれる上級生の男役が加わり一緒に踊ることもある。また全国ツアーなど別箱公演では、大劇場公演では入らないような上級生が入っていることもある。上級生がラインダンスに入ると『NOW ON STAGE』などで「ツライ……」とこぼしている。衣装の使い回しもあるが、スカートや小物でところどころを変えて工夫しているのはさすが。

蘭寿とむ

【らんじゅとむ】

1996年首席入団。82期生。愛称「とむ」「まゆ」「らんとむ」。花組に配属。2006年宙組へ組替え。2011年花組に組替え、トップスターに就任。相手役は蘭乃はな。同年『ファントム』で大劇場お披露目。2014年『ラスト・タイクーン／TAKARAZUKA ∞夢眩』で退団。音楽学校時代から首席をキープ。普通のセリフもなぜかクサく、クサいセリフはよりクサい。ラテンでの見事な腰さばきと、キザでカッコよすぎてこちらが赤面してしまうシーンが誰より多く"赤面王子"の異名をとった。「おじいちゃんかおばあちゃんになってもCONGA!!をやり続けたい」の言葉通り、何周年かの式典でCONGAを見せてほしい。そのときはクンバンチェロもよろしく。

ランベス・ウォーク

【らんべす・うぉーく】

『ME AND MY GIRL』（'87／月）一幕の終

CRYSTAL TAKARAZUKA （'14／月） PHOENIX 宝塚!! （'14／宙） ファンシー・ガイ! （'15／雪） Dear DIAMOND!! （'15／星） 宝塚幻想曲 （'15／花）

わりのみんなで踊れる楽しいナンバー。見どころはジョン卿とマリアおばさま。最初は踊っていなかったジョン卿がたまらず踊りだし、最後はマリアおばさまも楽しそうにビルと一緒にはけていく。二人の「踊りたい、でも踊れない」という、むずむずした演技は演者により表現方法が違い楽しい。客席降りも相まって、かなりの盛り上がりを見せる。

葉山三千子、そして轟悠である。なお、現在、ファンの間で「理事」といえば轟悠のこと。

リフト

【りふと】

理事

【りじ】

劇団の役職。現役生徒の理事就任は歴代6人。天津乙女、春日野八千代、神代錦、松本悠里、

デュエットダンスでの見せ場のひとつで、男役が娘役を持ち上げて踊ること。ひょいと抱っこしてクルクル回り、高い位置でドレスがなびく様にはうっとり。簡単そうにこなしているが、男役の土台だけではなく娘役の乗り

1789 ―バスティーユの恋人たち―
('15／月)

方にも技が必要で、とにかく2人の息がピッタリ合わないことには成り立たない。回る位置が高い、たくさん回る、回転が早い、片手でリフトなど、さまざまなポイントで2人の仲を見せつけてくれる。『Cocktail』('02／花)ではトップ娘役大鳥れいが、トップスター匠ひびきをリフトしたという逆リフトがある。『TOP HAT』('15／宙)で見事なリフトされた実咲凜音曰く「タイミングが合わないときも、(相手役である)朝夏さんがガッと持ちあげて守ってくれる」とのこと。つながりと信頼が大事なことがわかる。

龍真咲

【りゅうまさき】

2001年入団。87期生。愛称「まさお」。月組に配属。2012年月組トップスターに就任。相手役は愛希れいか。『ロミオとジュリエット』で大劇場お披露目、"準トップスター"明日海りおと役替わり公演であった。2016年『NOBUNAGA〈信長〉―下天の夢―／Forever LOVE!!』で退団。キラッキラの目をしたイマドキ男子の見てくれなのに、事あるごとに宝塚の伝統を大事にする発言をしたり、大劇場最後の曲に『FOREVER宝塚』を選んだりと、宝塚を大事にしている感じがひしひしと伝わってくるかわいさも。もう男役というカテゴリーを抜け出して"龍真咲"という分野を確立していたように思う。"男役""娘役""龍真咲"みたいな。

緑宝会

【りょくほうかい】

OGの故・葦原邦子を会長とする、女性のオールドファンで構成された半ば公式的なファンクラブ。この会が前身となり、現在の樹宝会ができた。入会には紹介者が必要だったり、定員制だったり、敷居の高い雰囲気の漂う会である。

リーゼント

【りーぜんと】

宝塚の男役といえばコレ！ ビシッと決まったあの髪型は、一般的にいわれるヤンキーのリーゼントとは違うので注意。髪型の正装で、黒燕尾やスーツのシーンでは必ずといっていいほどリーゼントが作られる。直前まで違う髪型で踊っていたのに、ドライヤーとスプレーであっという間にリーゼントを作ってしまう早業には驚く。どんなに激しく踊っても崩れず、崩れるときは計算した上での、前髪はらり。昔は、「前髪でタップを踏めるくらい固く作れ」と言われていたとか。

ルキーニ伝説

【るきーにでんせつ】

『エリザベート』('96／雪)でルキーニを演じた人は全員トップになるという伝説。ルキーニが決まった瞬間、ファンは将来のトップ姿を想像し興奮する配役である。主に出世街道をひた走る番手スターが演じることが多いからでは？ という素朴な疑問はさておき、ファン界隈での神話のひとつとなっている。雪組初演の轟悠に始まり、紫吹淳、湖月わたる、瀬奈じゅん、霧矢大夢、音月桂、龍真咲。

望海風斗と最新ルキーニ、愛月ひかるは果たして!?

ル・サンク

【る・さんく】

1999年『再会／ノバ・ボサ・ノバ』（雪）以来、公演ごとに発行される公式宝塚ステージ写真集のこと。宝塚大劇場のプログラムには載っていない舞台写真、東京のプログラムの掲載分では物足りない舞台写真、その欲をすぐに満たすのはこの1冊しかない。地方公演やTCAスペシャル、役替わり公演特集も発行される。本公演オリジナル作品の場合、台本が掲載されている。『ME AND MY GIRL』（'87／月）のように著作権が切れていたり、『太王四神記』（'09／花）、『ベルサイユのばら』（'74／月）のようにオリジナル作品の場合は台本が掲載されていることもある。ちなみに、「Le Cinq」とはフランス語で「5」。

ル・ポァゾン　愛の媚薬

【る・ぽぁぞん　あいのびやく】

初演は1990年。岡田敬二作・演出のレビュー作品で、ロマンチック・レビューシリーズ第5弾。月組トップコンビである剣幸、こだま愛のサヨナラ公演だった。『歌劇』の人気投票で第一位になるほど人気が高く、その後、2011年中日劇場公演で星組が、同年全国ツアー公演で花組が再演している。オープニングの美しく妖しい吟遊詩人、涼風真世に度肝を抜かれているうちに、一度聞いたら忘れられない主題歌をトップスター、トップ娘役、二番手が歌い継いでいく。ハマりすぎて中毒になる、このショーこそが媚薬である。「牝豹のような」から始まる歌詞が頭の中をリフレイン。日々、どのような生活を送れば、こんな歌詞が書けるのか、一度岡田先生の頭の中をのぞいてみたい。

歴史

【れきし】

宝塚ファンは世界史も日本史も一部に限って妙に詳しい。特に詳しいのがフランス革命前後のフランス史。『ベルサイユのばら』（'74／月）、『1789—バスティーユの恋人たち—』（'15／月）、『THE SCARLET PIMPERNEL』（'08／星）、『眠らない男・ナポレオン―愛と栄光の涯に―』（'14／星）と参考資料には事欠かない。日本史だって大丈夫。『花の業平』（'01／星）、『新源氏物語』（'81／月）で平安時代（ついでに文学も！）、『戦国BASARA』（'13／花）、『一夢庵風流記　前田慶次』（'14／雪）で戦国時代、『忠臣蔵』（'92／雪）で赤穂事件、『猛き黄金の国』（'01／雪）、『星影の人』（'76／雪）、『るろうに剣心』（'16／雪）で幕末を学ぶ。ただしこの史実がどの順で並んでいるかはあまり詳しくない。しかも、実在の人物と作中のオリジナル

人物が混ざり合って記憶しているため、とんでもない勘違いを起こしていることも多々ある。

レビュー

【れびゅー】

宝塚の舞台は主にお芝居とショーの二本立てであり、歌やダンスで構成されたショーのほうをこうとも呼ぶ。冠に「グランド・レビュー」とつくこともあれば、「グランド・ショー」とつくこともある。レビューとショーの違いに、明確な差はないようだが、演出家・岡田敬二は自著（『ロマンチック・レビュー』／阪急コミュニケーションズ）で「レビューは時代劇、ショーは現代劇。レビューはその語源のとおり『振り返る』。1年を振り返る歳末精算劇から始まったのに対し、ショーはまさにその時代を反映したトレンディーなものだと思っている」と述べている。いずれにせよ、宝塚のレビューは豪華絢爛な衣装、装置、照明、展開の中でタカラジェンヌが歌って踊り、最後は大階段のパレードで締めくくる、「これぞ宝塚！」な夢の60分であることは間違いない。

レビュー記念日

【れびゅーきねんび】

1927年9月1日に日本で初めて、レビュー『吾が巴里よ！〈モン・パリ〉』を上演したことを記念し、1987年に60周年の催しが行われ、以降毎年9月1日をレビュー記念日とし、通常の公演後にミニコンサートを行っていた。「♪レビュー レビュー」から始まる歌を歌えるファンは多い。

牢獄
【ろうごく】

『ベルサイユのばら』('74/月)でアントワネットが断頭台に送られる寸前のシーン。アントワネットの元にフェルゼンがやって来て「一緒に逃げましょう」と誘う。このとき、黒いマントをひっくり返してアントワネットを包むのだが、そのマントの裏地は真紅。「紅薔薇のような人」というアントワネットを表す名シーンである。

ロケット
【ろけっと】

ラインダンスの通称。ニューヨークのラジオシティで始まったラインダンスが「ロケッツ」「ロケット・ガールズ」と呼ばれたのが語源だそう。

路線
【ろせん】

将来のトップ候補として出世街道を歩み、番手がつくこと。まずはWトリオに入り、新人公演で2番手3番手の役につき、主演に抜擢。バウワークショップ、バウ主演、東上公演というように一歩一歩、階段を登るようにトップスターへの道を上っていく。宝塚ファンの醍醐味のひとつがそうした路線スターの歩みを応援すること。番手がつかない下級生時代から注目し、生徒を見守る目線はまさに親。トップスターになるためには新人公演主演が必須なため、新人公演卒業間近のファンは香盤発表をドキドキして待つ。研7最後の新人公演で主演が決まれば、嬉しすぎて自分のことのように喜ぶ。トップスターへの道は険しく、そういう面で宝塚はシビアな世界。下級生にパレード位置が抜かれるなど、路線から外れてしまうことも多々あり、これを路線落ちという。なお、新人公演主演なしでトップスターになった朝海ひかる、下級生の二番手を務めた後、トップスターとなった大空祐飛は稀有な例。一方、組子でいながら専科のような役づきで脇を固めるスターを別格路線(略して別格)という。路線スターだけでは芝居もショーも重みが出ない。別格がいるからこそ、厚みも楽しさも増すといえる。

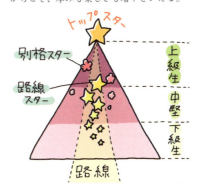

ロマンチック・レビュー
【ろまんちっく・れびゅー】

演出家岡田敬二によるレビューの冠。1984年『ジュテーム』(花)以来、冠を統一している。主題歌などの作曲は全て吉崎憲治が担当。他に『ル・ポァゾン 愛の媚薬』('90/月)、『ナルシス・ノアール』('91/星)、『ダンディズム！』('95/花)、『シトラスの風』('98/宙)、『Amour それは…』('09/宙)など。2016年『ロマンス(Romance)!!』(星)で19作目となる。パステルカラーの変わり燕尾の華やかさ、フリルいっぱいの衣装で、

娘役はより可憐に美しく。朗々と歌われるロマンチックな歌唱と黒燕尾。宝塚の魅力が詰まったある種のショーの完成形ともいえる。

ロミオとジュリエット
【ろみおとじゅりえっと】

原作は言わずと知れたウィリアム・シェイクスピア。『源氏物語』と並び、いくつかのバージョンがある（水夏希主演の『ロミオとジュリエット99』('99／花）など）が、このところ繰り返し上演されているのはフランス版ミュージカル。作詞作曲はジェラール・プレスギュルヴィックで小池修一郎潤色・演出。「死」に加え、フランス版にはない「愛」が登場することで、物語のメッセージ性が強くなる。敵同士の家柄のふたりが恋に落ち、男は思わぬことから殺人を犯し、恋人が死んだと思い込み命を断つ。何度も見てストーリーも知っているのに泣けるのはどうしたことか。

和央ようか
【わおようか】

1988年入団。74期生。愛称は「たかちゃん」「たかこ」。雪組に配属。1998年宙組の立ち上げに伴い宙組に組替え。2000年宙組トップスターに就任。相手役は花總まり。同年『望郷は海を越えて／ミレニアム・チャレンジャー』で大劇場お披露目。2006年『NEVER SAY GOODBYE』で花總と同時退団。2014年フランク・ワイルドホーンと結婚。頭は小さく、脚は長い。このスタイルのよさは1960年代生まれなことが信じられないほど。ほぼ素化粧で大劇場ポスターを撮るなど、ナチュラル派の急先鋒。「宝塚版はオペラ座の怪人も麗しいのね」と皆が思ったファントムだった。

私だけに
【わたしだけに】

『エリザベート』の歌。王家に服従せず自分を強く持って生きる信念を表した曲。シンプルなセットにエリザベート1人という、見せどころであり聴かせどころである。あれだけ全身全霊で全て出し切るように歌って、パタリと倒れるのは気持ちいいだろうな。

王家に捧ぐ歌 ('15／宙)　La Esmeralda ('15／雪)　ガイズ＆ドールズ ('15／星)　Melodia −熱く美しき旋律− ('15／花)　GOLDEN JAZZ ('15／月)

わっかのドレス

【わっかのどれす】

マリー・アントワネットやスカーレットが着ている、ウエスト部分からお椀を逆さにしたような形に広がっているドレス。わっかになった型の上に衣装を被せているためこう呼ばれている。型の材質は昔は竹だったが今はプラスチック。中は空洞だが約10キロと重い。バリバリの男役でもファン時代はこのドレスに憧れていたという人も多い。

| HOT EYES!! | るろうに剣心 | THE ENTERTAINER! | ME AND MY GIRL | Forever Love!! |
| ('16／宙) | ('16／雪) | ('16／星) | ('16／花) | ('16／月) |

☆バスティーユ☆　　☆結婚式☆

☆ 光ってやがる ☆　　　☆ ミルク ☆

1989~1994 本公演演目&トップスター任期

1989

劇場	1月	2月	3月	4月	5月	6月	7月	8月
宝塚大劇場	会議は踊る/ザ・ゲーム(1/1~2/14)	ムッシュ・ド・巴里/ラ・パッション! 杜けあきお披露目(2/17~3/28)		春の踊り/ディガ・ディガ・ドゥ 75期初舞台(3/30~5/9)	新源氏物語/ザ・ドリーマー(5/12~6/27)	ロマノフの宝石/ジタン・デ・ジタン(6/30~8/8)		ベルサイユのばら ―アンドレとオスカル編―(8/10~9/19)
東京宝塚劇場			恋と霧笛と銀時計/レインボー・シャワー(3/4~3/29)	会議は踊る/ザ・ゲーム(4/2~4/29)		ムッシュ・ド・巴里/ラ・パッション! 杜けあきお披露目(6/4~6/28)	恋の花歌舞伎/ディガ・ディガ・ドゥ(7/2~7/30)	新源氏物語/ザ・ドリーマーン(8/3~8/29)

1990

劇場	1月	2月	3月	4月	5月	6月	7月	8月
宝塚大劇場	天守に花匂い立つ/ブライト・ディライト・タイム(1/1~2/13)	大いなる遺産/ザ・モダーン(2/16~3/27)		ベルサイユのばら―フェルゼン編―76期初舞台(3/29~5/8)	メイフラワー/宝塚レビュー'90(5/11~6/26)	黄昏色のハーフムーン/パラダイス・トロピカーナ(6/29~8/7)		川霧の橋/ル・ポァゾン 愛の媚薬 剣幸サヨナラ(8/9~9/18)
東京宝塚劇場			ベルサイユのばら―フェルゼンとマリー・アントワネット編―(3/4~4/1)	天守に花匂い立つ/ブライト・ディライト・タイム(4/5~4/30)		大いなる遺産/ザ・モダーン(6/3~6/27)	ベルサイユのばら―フェルゼン編―(7/1~7/29)	メイフラワー/宝塚レビュー'90(8/2~8/27)

1991

劇場	1月	2月	3月	4月	5月	6月	7月	8月
宝塚大劇場	春の風を君に…/ザ・フラッシュ!(1/1~2/12)	花幻抄/恋さわぎ/スイート・タイフーン(2/15~3/26)		ベルサイユのばら―オスカル編―涼風真世お披露目 77期初舞台(3/28~5/7)	恋人たちの肖像/ナルシス・ノアール(5/10~6/25)	ヴェネチアの紋章/ジャンクション24 大浦みずきサヨナラ(6/28~8/6)		華麗なるギャツビー/ラバーズ・コンチェルト(8/8~9/17)
東京宝塚劇場			アポロンの迷宮/ジーザス・ディアマンテ(3/4~3/30)	春の風を君に…/ザ・フラッシュ!(4/3~4/29)		花幻抄/恋さわぎ/スイート・タイフーン(6/3~6/28)	ベルサイユのばら―オスカル編―涼風真世お披露目(7/2~7/31)	恋人たちの肖像/ナルシス・ノアール(8/4~8/29)

1992

劇場	1月	2月	3月	4月	5月	6月	7月	8月
宝塚大劇場	珈琲カルナバル/夢・フラグランス(1/1~2/11)	白扇花集/スパルタカス 安寿ミラお披露目(2/14~3/24)		この恋は雲の涯まで 78期初舞台(3/26~5/12)	白夜伝説/ワンナイト・ミラージュ 紫苑ゆうお披露目(5/15~6/30)		PUCK/メモリーズ・オブ・ユー(7/3~8/18)	
東京宝塚劇場			紫禁城の落日 向薫サヨナラ(3/5~3/31)	珈琲カルナバル/夢・フラグランス(4/4~4/29)		白扇花集/スパルタカス 安寿ミラお披露目(6/4~6/28)	この恋は雲の涯まで(7/2~7/29)	白夜伝説/ワンナイト・ミラージュ 紫苑ゆうお披露目(8/2~8/29)

1993

劇場	1月	2月	3月	4月	5月	6月	7月	8月
宝塚大劇場	宝寿頌/PARFUM DE PARIS(1/1~2/15)	メランコリック・ジゴロ/ラ・ノーバ!(2/19~3/29)		グランドホテル/BROADWAY BOYS 涼風真世サヨナラ 79期初舞台(4/2~5/10)	天国と地獄/TAKE OFF 一路真輝お披露目(5/14~6/21)	うたかたの恋/パパラギ(6/25~8/2)		ベイ・シティ・ブルース/イッツ・ア・ラブ・ストーリー(8/6~9/13)
東京宝塚劇場			忠臣蔵 杜けあきサヨナラ(3/4~3/31)	宝寿頌/PARFUM DE PARIS(4/4~4/30)		メランコリック・ジゴロ/ラ・ノーバ!(6/3~6/28)	グランドホテル/BROADWAY BOYS 涼風真世サヨナラ(7/2~7/31)	天国と地獄/TAKE OFF 一路真輝お披露目(8/29)

1994

劇場	1月	2月	3月	4月	5月	6月	7月	8月
宝塚大劇場	風と共に去りぬ―レット・バトラー編―(1/1~2/7)	若き日の唄は忘れじ/ジャンプ・オリエント!(2/11~3/21)		ブラック・ジャック 危険な賭け/火の鳥 80期初舞台(3/25~5/9)	風と共に去りぬ―スカーレット編―(5/13~6/20)	エールの残照/TAKARAZUKA・オーレ!(6/24~8/8)		カサノヴァ・夢のかたみ/ラ・カンタータ!紫苑ゆうサヨナラ(8/12~9/26)
東京宝塚劇場			ブルボンの封印/コート・ダジュール(3/3~3/28)	風と共に去りぬ―レット・バトラー編―(4/4~4/27)		若き日の唄は忘れじ/ジャンプ・オリエント!(6/3~6/29)	ブラック・ジャック 危険な賭け/火の鳥(7/3~7/29)	風と共に去りぬ―スカーレット編―(8/2~8/29)

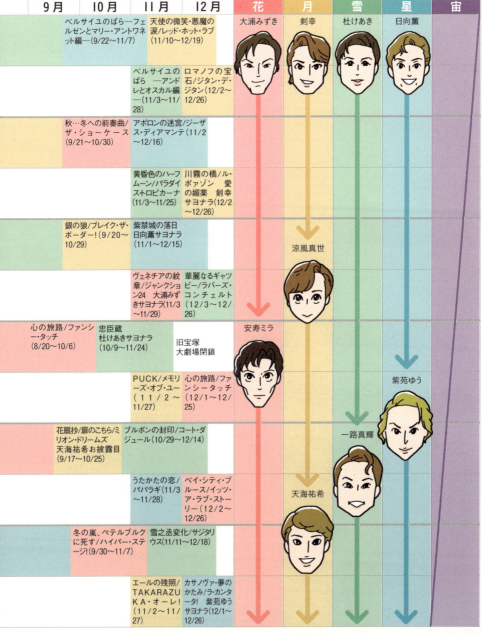

1995~2000 本公演演目&トップスター任期

	1月	2月	3月	4月	5月	6月	7月	8月
1995 宝塚大劇場	哀しみのコルドバ/メガ・ヴィジョン 安寿ミラサヨナラ (1/1~1/16)	震災のため1/17~3/30休止		国境のない地図 麻路さきお披露目 81期初舞台 (3/31~5/8)	JFK/バロック千一夜 (5/12~6/26)		エデンの東/ダンディズム! 真矢みきお披露目 (6/30~8/7)	
1995 東京宝塚劇場			雪之丞変化/サジタリウス (3/3~3/30)	哀しみのコルドバ/メガ・ヴィジョン 安寿ミラサヨナラ (4/3~4/29)		ハードボイルド エッグ/EXOTICA! (6/2~6/28)	国境のない地図 麻路さきお披露目 (7/2~7/29)	JFK/バロック千一夜 (8/2~8/29)
1996 宝塚大劇場	花は花なり/ハイペリオン (1/1~2/12)	エリザベート 一路真輝サヨナラ (2/16~3/25)		CAN-CAN/マンハッタン不夜城 久世星佳お披露目 82期初舞台 (3/29~5/6)	二人だけが悪/パッション・ブルー (5/10~6/17)	ハウ・トゥー・サクシード (6/21~8/5)		虹のナターシャ/La Jeunesse! 高嶺ふぶきお披露目 (8/9~9/16)
1996 東京宝塚劇場			剣と恋と虹と/ジュビレーション! (3/4~3/31)	花は花なり/ハイペリオン (4/4~4/30)		エリザベート 一路真輝サヨナラ (6/3~6/30)	CAN-CAN/マンハッタン不夜城 久世星佳お披露目 (7/4~7/30)	二人だけが悪/パッション・ブルー (8/3~8/29)
1997 宝塚大劇場	バロンの末裔/グランド・ベル・フォリー 久世星佳サヨナラ (12/20~2/2)	失われた楽園/サザンクロス・レビュー (2/14~3/24)		仮面のロマネスク/ゴールデン・デイズ 高嶺ふぶきサヨナラ 83期初舞台 (3/28~5/5)	峠の群像/魅惑II (5/9~6/23)	EL DORADO 真琴つばさお披露目 (6/27~8/4)		ザッツ・レビュー (8/8~9/15)
1997 東京宝塚劇場			エリザベート (3/4~3/31)	バロンの末裔/グランド・ベル・フォリー 久世星佳サヨナラ (4/4~4/30)		失われた楽園/サザンクロス・レビュー (6/4~6/30)	仮面のロマネスク/ゴールデン・デイズ 高嶺ふぶきサヨナラ (7/4~7/30)	誠の群像/魅惑II (8/3~8/30)
1998 宝塚大劇場	春櫻賦/LET'S JAZZ((12/19~2/1)	WEST SIDE STORY (2/13~3/23)		エクスカリバー/シトラスの風 姿月あさとお披露目 宙組発足 84期初舞台 (3/27~5/11)	SPEAKEASY/スナイパー 真矢みきサヨナラ (5/15~6/22)	皇帝/ヘミングウェイ・レヴュー 麻路さきサヨナラ (6/26~8/3)	浅茅が宿/ラヴィール (8/7~9/14)	
1998 東京宝塚劇場/1000days劇場			ダル・レークの恋 (3/4~3/30)	春櫻賦/LET'S JAZZ (4/3~4/30)	WEST SIDE STORY TAKARAZUKA 1000days劇場開設 (5/30~7/6)		エクスカリバー/シトラスの風 姿月あさとお披露目 (7/11~8/17)	
1999 宝塚大劇場	夜明けの序曲 愛華みれお披露目 (1/1~2/7)	WEST SIDE STORY 稔幸お披露目 (2/19~3/29)		再会/ノバ・ボサ・ノバ 85期初舞台 (4/2~5/10)	螺旋のオルフェ/ノバ・ボサ・ノバ (5/14~6/21)	激情/ザ・レビュー'99 (6/25~8/9)		
1999 1000days劇場	黒い瞳/ル・ボレロ・ルージュ (1/2~2/7)	エリザベート (2/12~3/29)		夜明けの序曲 愛華みれお披露目 (4/3~5/10)	WEST SIDE STORY 稔幸お披露目 (5/15~6/27)		再会/ノバ・ボサ・ノバ (7/2~8/15)	
2000 宝塚大劇場	砂漠の黒薔薇/GLORIOUS!! 姿月あさとサヨナラ (1/1~2/9)	LUNA/BLUE・MOON・BLUE (2/19~4/3)		源氏物語 あさきゆめみし/ザ・ビューティーズ! 86期初舞台 (4/7~5/15)	黄金のファラオ/美麗猫 (5/19~6/26)		デパートメント・ストア/凱旋門 (6/30~8/14)	
2000 1000days劇場	我が愛は山の彼方に/グレート・センチュリー (1/2~2/6)	バッカスと呼ばれた男/華麗なる千拍子 (2/11~3/19)		砂漠の黒薔薇/GLORIOUS!! 姿月あさとサヨナラ (3/24~5/7)	LUNA/BLUE・MOON・BLUE (5/12~6/26)		源氏物語 あさきゆめみし/ザ・ビューティーズ! (7/1~8/14)	黄金のファラオ/美麗猫 (8/19~9/17)

	9月	10月	11月	12月	花	月	雪	星	宙
	ME AND MY GIRL 天海祐希サヨナラ (8/11〜9/25)	剣と恋と虹と/ジュビレーション！(9/29〜11/6)	あかねさす紫の花/マ・ベル・エトワール (11/10〜12/18)		真矢みき	天海祐希	一路真輝	麻路さき	
			エデンの東/ダンディズム！真矢みきお披露目(11/3〜11/27)	ME AND MY GIRL 天海祐希サヨナラ(12/1〜12/26)					
	チェーザレ・ボルジア/プレスティージュ(9/20〜11/4)		エリザベート(11/8〜12/16)			久世星佳	高嶺ふぶき		
			ハウ・トゥー・サクシード(11/2〜11/28)	虹のナターシャ/La Jeunesse! 高嶺ふぶきお披露目(12/2〜12/26)					
	真夜中のゴースト/レ・シェルパン 轟悠お披露目(9/19〜11/3)		ダル・レークの恋(11/7〜12/15)			真琴つばさ	轟悠		
			EL DORADO 真琴つばさお披露目(11/3〜11/27)	ザッツ・レビュー(12/1〜12/26)					
	黒い瞳/ル・ボレロ・ルージュ(9/18〜10/26)		エリザベート(10/30〜12/20)						姿月あさと
	SPEAKEASY/スナイパー 真矢みきサヨナラ(8/22〜10/5)	皇帝/ヘミングウェイ・レヴュー 麻路さきサヨナラ(10/10〜11/23)	浅茅が宿/ラヴィール(11/28〜12/26)		愛華みれ		稔幸		
	タンゴ・アルゼンチーノ/ザ・レビュー'99(8/13〜9/27)	我が愛は山の彼方に/グレート・センチュリー(10/1〜11/8)	バッカスと呼ばれた男/華麗なる千拍子'99(11/12〜12/20)						
	螺旋のオルフェ/ノバ・ボサ・ノバ(8/20〜9/27)	激情/ザ・レビュー'99(10/2〜11/14)	タンゴ・アルゼンチーノ/ザ・レビュー'99(11/19〜12/26)						
	望郷は海を越えて/ミレニアム・チャレンジャー！ 和央ようかお披露目(8/18〜9/25)	ゼンダ城の虜/ジャズマニア(9/29〜11/6)	ルートヴィヒⅡ世/Asian Sunrise(11/10〜12/18)						和央ようか
		デパートメント・ストア/凱旋門(9/22〜10/29)	望郷は海を越えて/ミレニアム・チャレンジャー！ 和央ようかお披露目(11/3〜12/12)						

2001~2006 本公演演目＆トップスター任期

	1月	2月	3月	4月	5月	6月	7月	8月
2001 宝塚大劇場	花の業平/夢は世界を翔けめぐる(1/2～2/12)		猛き黄金の国/パッサージュ(2/23～4/2)	ベルサイユのばら2001—フェルゼンとマリー・アントワネット編— 87期初舞台(4/6～5/14)	愛のソナタ/ESP!! 琴つばさサヨナラ(5/18～7/2)	真	ミケランジェロ/VIVA! 愛華みれサヨナラ(7/6～8/13)	
2001 東京宝塚劇場	いますみれ花咲く/愛のソナタ 真琴つばさサヨナラ 東京宝塚劇場柿落とし(1/1～2/12)	ルートヴィヒII世/Asian Sunrise(2/17～3/25)		ベルサイユのばら2001—オスカルとアンドレ編— 稔幸サヨナラ(3/30～5/6)	猛き黄金の国/パッサージュ(5/11～6/24)		ベルサイユのばら2001—フェルゼンとマリー・アントワネット編—(6/29～8/12)	
2002 宝塚大劇場	ガイズ&ドールズ(1/1～2/12) 紫吹淳お披露目		琥珀色の雨にぬれて/Cocktail 匠ひびきお披露目&サヨナラ(3/1～4/8)	プラハの春/LUCKY STAR! 香寿たつきお披露目 88期初舞台(4/12～5/20)	追憶のバルセロナ/ON THE 5th 絵麻緒ゆうお披露目&サヨナラ(5/24～7/8)		鳳凰伝/ザ・ショー・ストッパー(7/12～8/19)	
2002 東京宝塚劇場	愛 燃える/Rose Garden(1/2～2/11)	カステル・ミラージュ/ダンシング・スピリット!(2/16～3/24)	ガイズ&ドールズ(3/29～5/6)		琥珀色の雨にぬれて/Cocktail 匠ひびきお披露目&サヨナラ(5/11～6/23)	プラハの春/LUCKY STAR!(6/28～8/11)		
2003 宝塚大劇場	春麗の淡き光に/Joyful!! 朝海ひかるお披露目(1/1～2/4)	傭兵ピエール/満天星大夜総会(2/21～3/31)		花の宝塚風土記/シニョール ドン・ファン 89期初舞台(4/4～5/19)	野風の笛/レヴュー誕生(5/23～7/7)		王家に捧ぐ歌 湖月わたるお披露目(7/11～8/18)	
2003 東京宝塚劇場	エリザベート 春野寿美礼お披露目(1/2～2/9)	ガラスの風景/バビロン 香寿たつきサヨナラ(2/14～3/23)	春麗の淡き光に/Joyful!! 朝海ひかるお披露目(3/28～5/4)		傭兵ピエール/満天星大夜総会(5/9～6/22)	花の宝塚風土記/シニョール ドン・ファン(6/27～8/3)		野風の笛/レヴュー誕生(8/8～9/14)
2004 宝塚大劇場	飛翔無限/天使の季節/アプローズ・タカラヅカ!(1/1～2/16)	1914/愛/タカラヅカ絢爛(2/20～3/28)		スサノオ/タカラヅカ・グローリー! 90期初舞台(4/2～5/10)	ファントム(5/14～6/21)		飛鳥夕映え/タカラヅカ絢爛II 彩輝直お披露目(6/25～8/9)	
2004 東京宝塚劇場	白昼の稲妻/テンプテーション!(1/2～2/1)	薔薇の封印 紫吹淳サヨナラ(2/6～3/21)	飛翔無限/天使の季節/アプローズ・タカラヅカ!(3/26～5/2)		1914/愛/タカラヅカ絢爛(5/7～6/6)	スサノオ/タカラヅカ・グローリー!(6/11～7/11)	ファントム(7/17～8/29)	
2005 宝塚大劇場	ホテル ステラマリス/レヴュー伝説(1/1～1/31)	エリザベート 彩輝直サヨナラ(2/4～3/21)		マラケシュ・紅の墓標/エンター・ザ・レビュー 91期初舞台(3/25～5/9)	長崎しぐれ坂/ソウル・オブ・シバ!!(5/13～6/20)	霧のミラノ/ワンダーランド(6/24～8/1)		炎にくちづけを/ネオ・ヴォヤージュ(8/5～9/19)
2005 東京宝塚劇場	青い鳥を捜して/タカラヅカ・ドリーム・キングダム(1/2～2/13)	ホテル ステラマリス/レヴュー伝説(2/18～4/3)		エリザベート 彩輝直サヨナラ(4/8～5/22)	マラケシュ・紅の墓標/エンター・ザ・レビュー(5/27～7/3)		長崎しぐれ坂/ソウル・オブ・シバ!!(7/8～8/14)	
2006 宝塚大劇場	ベルサイユのばら—フェルゼンとマリー・アントワネット編—(1/1～2/6)	ベルサイユのばら—オスカル編—(2/10～3/20)		NEVER SAY GOODBYE 和央ようかサヨナラ 92期初舞台(3/24～5/8)	暁のローマ/レ・ビジュー・ブリアン(5/12～6/19)	ファントム(6/23～8/7)		愛するには短すぎる/ネオ・ダンディズム! 湖月わたるサヨナラ(8/11～9/18)
2006 東京宝塚劇場	落陽のパレルモ/AIAN WINDS!(1/2～2/12)	ベルサイユのばら—フェルゼンとマリー・アントワネット編—(2/17～4/2)		ベルサイユのばら—オスカル編—(4/7～5/21)	NEVER SAY GOODBYE 和央ようかサヨナラ(5/26～7/2)		暁のローマ/レ・ビジュー・ブリアン(7/7～8/20)	

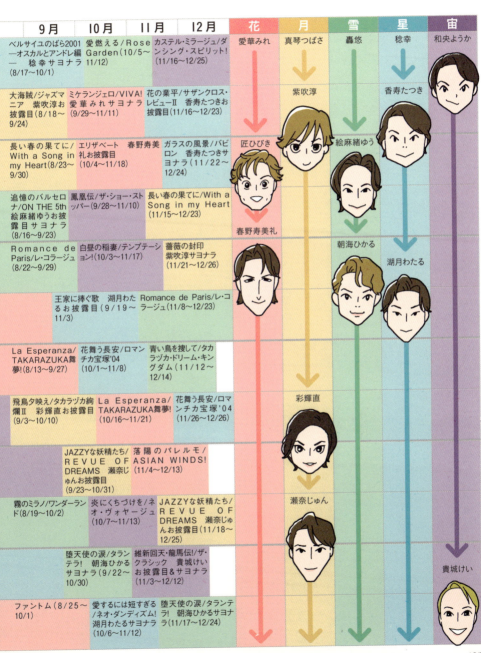

2007~2012　本公演演目&トップスター任期

	1月	2月	3月	4月	5月	6月	7月	8月
2007 宝塚大劇場	パリの空よりも高く/ファンシー・ダンス(1/1~2/5)	明智小五郎の事件簿―黒蜥蜴/TUXEDO JAZZ(2/9~3/19)	さくら/シークレット・ハンター 安蘭けいお披露目 93期初舞台(3/23~4/30)		エリザベート披露目(5/4~6/18)	水夏希お… バレンシアの熱い花/宙 FANTASISTA! 大和悠河お披露目(6/22~7/30)		MAHOROBA/マジシャンの愛鬱(8/3~9/17)
2007 東京宝塚劇場	維新回天・龍馬伝!/ザ・クラシック 貴城けいお披露目&サヨナラ(1/2~2/12)	パリの空よりも高く/ファンシー・ダンス(2/17~4/1)		明智小五郎の事件簿―黒蜥蜴/TUXEDO JAZZ(4/6~5/13)	さくら/シークレット・ハンター 安蘭けいお披露目(5/18~7/1)		エリザベート 水夏希お披露目(7/6~8/12)	
2008 宝塚大劇場	君を愛してる―Je t'aime/ミロワール(1/1~2/4)	黎明の風/Passion 愛の旅(2/8~3/17)	ME AND MY GIRL 94期初舞台(3/21~5/5)		愛と死のアラビア/Red Hot Sea 真飛聖お披露目(5/9~6/16)	THE SCARLET PIMPERNEL(6/20~8/4)		ソロモンの指輪/マリポーサの花(8/8~9/22)
2008 東京宝塚劇場	エル・アルコン―鷹―/レビュー・オルキス―蘭の星―(1/2~2/11)	君を愛してる―Je t'aime/ミロワール(2/16~3/30)		黎明の風/Passion 愛の旅(4/4~5/18)	ME AND MY GIRL(5/23~7/6)		愛と死のアラビア/Red Hot Sea 真飛聖お披露目(7/11~8/17)	
2009 宝塚大劇場	太王四神記(1/1~2/2)	My dear New Orleans/アビヤント 安蘭けいサヨナラ(2/6~3/9)	風の錦絵/ZORRO仮面のメサイア(3/13~4/13)	薔薇に降る雨/Amour それは… 大和悠河サヨナラ 95期初舞台(4/17~5/18)	エリザベート(5/22~6/22)	太王四神記 Ver.II 柚希礼音お披露目(6/26~7/27)		ロシアン・ブルー/RIO DE BRAVO!!(7/31~8/31)
2009 東京宝塚劇場	夢の浮橋/Apasionado!!(1/3~2/8)	太王四神記(2/13~3/22)		My dear New Orleans/アビヤント 安蘭けいサヨナラ(3/27~4/26)	風の錦絵/ZORRO仮面のメサイア(5/1~5/31)	薔薇に降る雨/Amour それは… 大和悠河サヨナラ(6/5~7/5)	エリザベート(7/10~8/9)	太王四神記 Ver.II 柚希礼音お披露目(8/14~9/13)
2010 宝塚大劇場	ハプスブルクの宝剣/BOLERO(1/1~2/1)	ソルフェリーノの夜明け/Carne vale 睡夢(2/5~3/8)	虞美人(3/12~4/12)	THE SCARLET PIMPERNEL 霧矢大夢お披露目 96期初舞台(4/16~5/17)	TRAFALGAR/ファンキー・サンシャイン(5/21~6/21)	ロジェ/ロック・オン! 水夏希サヨナラ(6/25~7/26)		麗しのサブリナ/EXCITER!!(7/30~8/30)
2010 東京宝塚劇場	カサブランカ 大空祐飛お披露目(1/3~2/7)	ハプスブルクの宝剣/BOLERO(2/12~3/21)	ソルフェリーノの夜明け/Carnevale 睡夢(3/26~4/25)	虞美人(4/30~5/30)	THE SCARLET PIMPERNEL 霧矢大夢お披露目(6/4~7/4)		TRAFALGAR/ファンキー・サンシャイン(7/9~8/8)	ロジェ/ロック・オン! 水夏希サヨナラ(8/13~9/12)
2011 宝塚大劇場	ロミオとジュリエット 音月桂お披露目(1/1~1/31)	愛のプレリュード/Le Paradais!! 真飛聖サヨナラ(2/4~3/7)	バラの国の王子/ONE(3/11~4/11)	ノバ・ボサ・ノバ/めぐり会いは再び 97期初舞台(4/15~5/16)	美しき生涯/ルナロッサ(5/20~6/20)	ファントム 蘭寿とむお披露目(6/24~7/25)		アルジェの男/Dance Romanesque(7/29~8/29)
2011 東京宝塚劇場	誰がために鐘は鳴る(1/1~1/30)	ロミオとジュリエット 音月桂お披露目(2/17~3/20)	愛のプレリュード/Le Paradais!! 真飛聖サヨナラ(3/25~4/24)	バラの国の王子/ONE(4/29~5/29)	ノバ・ボサ・ノバ/めぐり会いは再び(6/3~7/3)		美しき生涯/ルナロッサ(7/8~8/7)	ファントム 蘭寿とむお披露目(8/12~9/11)
2012 宝塚大劇場	復活―恋が終わり、愛が残った―/カノン(1/1~1/30)	エドワード8世/Misty Station 霧矢大夢サヨナラ(2/3~3/5)	ドン・カルロス/Shining Rhythm!(3/9~4/9)	華やかなり日々/クライマックス 大空祐飛サヨナラ 98期初舞台(4/13~)	ダンサ セレナータ/Celebrity(5/18~6/18)	ロミオとジュリエット 龍真咲お披露目(6/22~7/23)		サン=テグジュペリ/CONGA!!(7/27~8/27)
2012 東京宝塚劇場	オーシャンズ11(1/2~2/5)	復活―恋が終わり、愛が残った―/カノン(2/10~3/18)	エドワード8世/Misty Station 霧矢大夢サヨナラ(3/23~4/22)	ドン・カルロス/Shining Rhythm!(4/27~5/27)	華やかなり日々/クライマックス 大空祐飛サヨナラ(6/1~7/1)		ダンサ セレナータ/Celebrity(7/6~8/5)	ロミオとジュリエット 龍真咲お披露目(8/10~9/9)

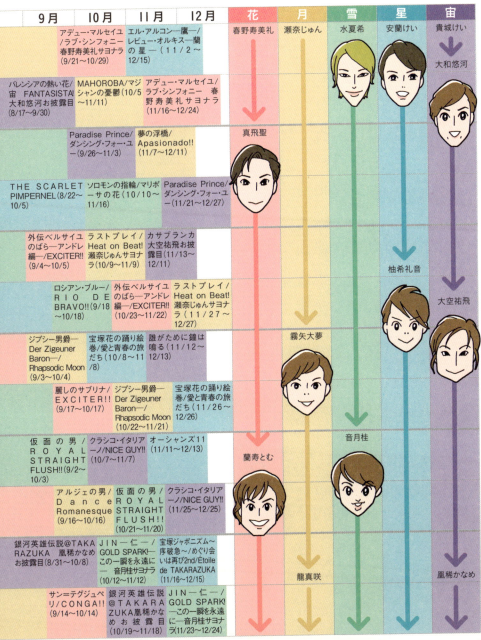

2013~2017 本公演演目＆トップスター任期

	1月	2月	3月	4月	5月	6月	7月	8月
2013 宝塚大劇場	ベルサイユのばら—オスカルとアンドレ編—(1/1~2/4)	オーシャンズ11(2/8~3/11)	モンテ・クリスト伯/Amour de 99!!—99年の愛—(3/15~4/15)	ベルサイユのばら—フェルゼン編—壮一帆お披露目 99期初舞台(4/19~5/27)	ロミオとジュリエット(5/31~7/8)		ル パ ン — ARSÈNE LUPIN—/Fantastic Energy!(7/12~8/12)	
2013 東京宝塚劇場	宝塚ジャポニズム/めぐり会いは再び2nd/Étoile de TAKARAZUKA(1/2~2/10)	ベルサイユのばら—オスカルとアンドレ編—(2/15~3/24)	オーシャンズ11(3/29~5/5)		モンテ・クリスト伯/Amour de 99!!—99年の愛—(5/10~6/9)	ベルサイユのばら—フェルゼン編—壮一帆お披露目(6/14~7/21)	ロミオとジュリエット(7/26~8/25)	
2014 宝塚大劇場	眠らない男・ナポレオン—愛と栄光の涯に—(1/1~2/3)	ラスト・タイクーン—ハリウッドの帝王、不滅の愛—/TAKARAZUKA∞夢眩 蘭寿とむサヨナラ(2/7~3/17)	宝塚をどり/明日への指針/TAKARAZUKA花詩集100!! 100期初舞台(3/21~4/28)		ベルサイユのばら—オスカル編—(5/2~6/2)	一夢庵風流記 前田慶次/My Dream TAKARAZUKA 壮一帆サヨナラ(6/6~7/14)	The Lost Glory/パッショネイト宝塚!(7/18~8/18)	
2014 東京宝塚劇場	Shall we ダンス?/CONGRATULATIONS宝塚!!(1/2~2/9)	眠らない男・ナポレオン—愛と栄光の涯に—(2/14~3/29)		ラスト・タイクーン—ハリウッドの帝王、不滅の愛—/TAKARAZUKA∞夢眩 蘭寿とむサヨナラ(4/10~5/11)	宝塚をどり/明日への指針/TAKARAZUKA花詩集100!!(5/16~6/15)	ベルサイユのばら—オスカル編—(6/20~7/27)	一夢庵風流記前田慶次/My Dream TAKARAZUKA 壮一帆サヨナラ(8/1~8/31)	
2015 宝塚大劇場	ルパン三世—王妃の首飾りを追え!—/ファンシー・ガイ!早霧せいなお披露目(1/1~2/2)	黒豹の如く/Dear DIAMOND!! 柚希礼音サヨナラ(2/6~3/9)	カリスタの海に抱かれて/宝塚幻想曲(3/13~4/20)	1789—バスティーユの恋人たち—101期初舞台(4/24~6/1)		王家に捧ぐ歌 朝夏まなとお披露目(6/5~7/13)	星逢一夜/La Esmeralda(7/17~8/17)	
2015 東京宝塚劇場	白夜の誓い/PHOENIX 宝塚!! 凰稀かなめサヨナラ(1/2~2/15)	ルパン三世—王妃の首飾りを追え!—/ファンシー・ガイ!早霧せいなお披露目(2/20~3/22)	黒豹の如く/Dear DIAMOND!! 柚希礼音サヨナラ(3/27~5/10)		カリスタの海に抱かれて/宝塚幻想曲(5/15~6/14)	1789—バスティーユの恋人たち—(6/19~7/26)	王家に捧ぐ歌 朝夏まなとお披露目(7/31~8/30)	
2016 宝塚大劇場	Shakespeare ~空に満つるは、尽きせぬ言の葉~/HOT EYES!!(1/1~2/1)	るろうに剣心(2/5~3/14)	こうもり/THE ENTERTAINER!(3/18~4/25)	ME AND MY GIRL(4/29~6/6)		NOBUNAGA〈信長〉—下天の夢—/Forever LOVE!! 龍真咲サヨナラ(6/10~7/18)	エリザベート(7/22~8/22)	
2016 東京宝塚劇場	舞音—MANON—/GOLDEN JAZZ(1/3~2/14)	Shakespeare ~空に満つるは、尽きせぬ言の葉~/HOT EYES!!(2/19~3/27)	るろうに剣心(4/1~5/8)		こうもり/THE ENTERTAINER!(5/13~6/19)	ME AND MY GIRL(6/24~7/31)	NOBUNAGA〈信長〉—下天の夢—/Forever LOVE!! 龍真咲サヨナラ(8/5~9/4)	
2017 宝塚大劇場	グランドホテル/カルーセル輪舞曲 珠城りょうお披露目(1/1~1/30)	王妃の館 —Château de la Reine—/VIVA! FESTA!(2/3~3/6)	THE SCARLET PIMPERNEL 紅ゆずるお披露目(3/10~4/17)	幕末太陽傳/Dramatic "S"! 早霧せいなサヨナラ(4/21~5/29)		邪馬台国の風/Santé!!(6/2~7/10)	ALL FOR ONE ~ダルタニアンと太陽王~(7/14~8/14)	
2017 東京宝塚劇場	雪華抄/金色の砂漠(1/2~2/5)	グランドホテル/カルーセル輪舞曲 珠城りょうお披露目(2/21~3/26)	王妃の館 —Château de la Reine—/VIVA! FESTA!(3/31~4/30)		THE SCARLET PIMPERNEL 紅ゆずるお披露目(5/5~6/11)	幕末太陽傳/Dramatic "S"! 早霧せいなサヨナラ(6/16~7/23)	邪馬台国の風/Santé!!(7/28~8/27)	

	9月	10月	11月	12月	花	月	雪	星	宙
					蘭寿とむ	龍真咲	壮一帆	柚希礼音	凰稀かなめ
1	愛と革命の詩―アンドレア・シェニエ―/Mr.Swing!(8/16～9/23)	風と共に去りぬ―レット・バトラー編―(9/27～11/4)	Shall we ダンス?/CONGRATULATIONS 宝塚!!(11/8～12/12)						
2	ルパン―ARSÈNE LUPIN―/Fantastic Energy!(8/30～10/6)	愛と革命の詩―アンドレア・シェニエ―/Mr.Swing!(10/11～11/17)	風と共に去りぬ―レット・バトラー編―(11/22～12/23)						
3	エリザベート 明日海りおお披露目(8/22～9/22)	PUCK/CRYSTAL TAKARAZUKA(9/26～11/3)	白夜の誓い/PHOENIX 宝塚!! 凰稀かなめサヨナラ(11/7～12/15)		明日海りお				
4	The Lost Glory/パッショネイト宝塚!(9/5～10/5)	エリザベート 明日海りおお披露目(10/11～11/16)	明日海 PUCK/CRYSTAL TAKARAZUKA(11/21～12/27)						
5	ガイズ&ドールズ 北翔海莉お披露目(8/21～9/28)	新源氏物語/Merodia―熱く美しき旋律―(10/2～11/9)	舞音/GOLDEN JAZZ(11/13～12/14)				早霧せいな	北翔海莉	
6	星逢一夜/La Esmeralda(9/4～10/11)	ガイズ&ドールズ 北翔海莉お披露目(10/16～11/22)	新源氏物語/Merodia―熱く美しき旋律―(11/27～12/27)						朝夏まなと
7	桜華に舞え/ロマンス!! 北翔海莉サヨナラ(8/26～10/3)	私立探偵ケイレブ・ハント/Greatest HITS!(10/7～11/7)	雪華抄/金色の砂漠(11/11～12/13)						
8	エリザベート(9/9～10/16)	桜華に舞え/ロマンス!! 北翔海莉サヨナラ(10/21～11/20)	私立探偵ケイレブ・ハント/Greatest HITS!(11/25～12/25)						
9	神々の土地/クラシカルビジュー(8/18～9/25)	ベルリン、わが愛/Bouquet de TAKARAZUKA(9/29～11/6)	雪組公演・演目未定(11/10～12/15)			珠城りょう		紅ゆずる	
10	ALL FOR ONE ～ダルタニアンと太陽王～(9/1～10/8)	神々の土地/クラシカルビジュー(10/13～11/19)	ベルリン、わが愛/Bouquet de TAKARAZUKA(11/24～12/24)						

宝塚歌劇の歴史

1913　「宝塚唱歌隊」を組織　第一期生は20人

1914　パラダイス劇場で宝塚少女歌劇第1回公演「ドンブラコ」などを上演

1918　帝国劇場で初の東京公演

1919　宝塚音楽学校を設立。校長は小林一三先生

1921　2部制公演実施に伴い、花組と月組ができる

1923　パラダイス劇場などが焼失。新劇場（宝塚中劇場）が完成し、公演開始

1924　4000人収容の宝塚大劇場が完成

1925　年12公演体制確立に伴い、雪組ができる

1927　日本初のレビュー『吾が巴里よ＜モン・パリ＞』を上演

1933　東京宝塚劇場の開場に合わせ、星組が編成

1934　東京宝塚劇場が開場

1936　月刊雑誌『宝塚グラフ』創刊

1939　星組廃止。アメリカ公演。宝塚音楽歌劇学校を宝塚音楽舞踏学校と改称。
　　　　　　少女歌劇団と分離。学校の生徒は興行団体に加入させない形になる

1940　『宝塚歌劇』『宝塚グラフ』が相次ぎ休刊　宝塚歌劇音楽奉仕隊を結成

1944　宝塚大劇場と東京宝塚劇場に閉鎖命令

1946　『歌劇』復刊。宝塚大劇場の公演再開

1947　『宝塚グラフ』復刊。有楽町・日本劇場で東京公演を行う

1948　星組が復活

1955　第一回ハワイ公演

1957　小林一三先生逝去。宝塚音楽学校が2年制に

1967　宝塚歌劇初の外国ミュージカル『オクラホマ!』を上演

1974　60周年を記念し、宝塚大運動会を開催。以後10年おきに行われる
　　　　　『ベルサイユのばら』初演

1977　『風と共に去りぬ』初演

1978　宝塚バウホールが竣工

1992	旧・宝塚大劇場最後の公演千秋楽
1993	宝塚大劇場開場
1995	阪神・淡路大震災発生。休演後、3/31には宝塚大劇場公演を再開
1996	『エリザベート-愛と死の輪舞-』を上演
1997	5組化に伴う大幅組替え発表。新組の名前が宙組と発表
1998	宙組が正式に発足。東京宝塚劇場の建替えに伴い、東京TAKARAZUKA1000DAYS劇場での公演を開始
2000	新専科制度発足
2012	名誉理事・専科の春日野八千代逝去
2014	宝塚大劇場にて『宝塚歌劇　100周年記念式典』を開催

おわりに

この企画が持ち上がってから足掛け3年になります。大変なこと、楽しかったことなど、いろいろありました。でも、今、改めて頭に浮かぶのは感謝の気持ちばかりです。こうしてできあがりを迎えられたのは、いつも仲良くしてくれる宝塚友達、支えてくれる家族、スタッフの皆様のおかげです。本当に楽しく作らせていただきました。本当にありがとうございました！

SPECIAL THANKS!!

インタビュー原稿／堀江純子
原稿協力／アネモーネ澤田

愛子ちゃん、いまむ
緒寿まちか（汐組）
さとこさん、なおみ先輩
りえちゃん

参考文献
『宝塚歌劇100年史　虹の橋渡り続けて（舞台編）（人物編）』/阪急コミュニケーションズ　『宝塚歌劇検定　公式基礎ガイド2011年版』宝塚歌劇団監修、宝塚歌劇検定委員会編集/阪急コミュニケーションズ　『宝塚歌劇　華麗なる100年』/朝日新聞出版

春原弥生（すのはら・やよい）
漫画家・イラストレーター。テレビ局AD、舞台裏方などを経て、派遣社員をしながら活動をスタート。仕事と子育てに励みつつ宝塚歌劇観賞と大相撲観戦に足しげく通う日々を送る。主な著書に『ズボラ式こそうじ術』（文藝春秋）、『ふたりの薄毛物語』（文藝春秋）など。

カバー・本文デザイン
志村麻沙子（Sakana studio）

DTP
アーティザンカンパニー株式会社

編集
バブーン株式会社

宝塚歌劇にまつわる言葉を
イラストと豆知識で華麗に読み解く
宝塚語辞典
NDC755

2017年2月10日　発　行
2017年3月20日　第 2 刷

著者
春原弥生（すのはらやよい）

発行者
小川雄一

発行所
株式会社誠文堂新光社
〒113-0033
東京都文京区本郷3-3-11
［編集］03-5800-3614
［販売］03-5800-5780
http://www.seibundo-shinkosha.net/

印刷・製本
図書印刷株式会社

©2017,Yayoi Sunohara.
Printed in Japan　検印省略

落丁・乱丁本はお取り替え致します。本書掲載記事の無断転用を禁じます。また、本書に掲載された記事の著作権は著者に帰属します。これらを無断で使用し、展示・販売・レンタル・講習会などを行うことを禁じます。

本書のコピー、スキャン、デジタル化等の無断複製は、著作権法上での例外を除き、禁じられています。本書を代行業者等の第三者に依頼してスキャンやデジタル化することは、たとえ個人や家庭内での利用であっても著作権法上認められません。

[JCOPY]〈(社)出版者著作権管理機構 委託出版物〉本書を無断で複製複写（コピー）することは、著作権法上での例外を除き、禁じられています。本書をコピーされる場合は、そのつど事前に、(社)出版者著作権管理機構（電話 03-3513-6969／FAX 03-3513-6979／e-mail:info@jcopy.or.jp）の許諾を得てください。

ISBN978-4-416-51655-3